선생님! 6·25가 뭐예요?

선생님! 6·25가 뭐예요?

초판 1쇄 인쇄_ 2013년 7월 1일 | **초판 1쇄 발행_** 2013년 7월 5일
지은이_ 박찬희 | **펴낸이_** 진성옥 · 오광수 | **펴낸곳_** 꿈과희망
디자인 · 편집_ 김창숙, 박희진 | **마케팅_** 최대현, 김진용
주소_ 서울시 용산구 갈월동 101-49 고려에이트리움 713
전화_ 02)2681-2832 | **팩스_** 02)943-0935 | **출판등록_** 제1-3077호
http://www.dreamnhope.com | e-mail_ jinsungok@empal.com
ISBN_978-89-94648-50-7 03810

*책 값은 뒤표지에 있습니다.

*새론북스는 도서출판 꿈과희망의 계열사입니다.

ⓒPrinted in Korea. | ※ 잘못된 책은 바꾸어 드립니다.

똑똑한 자녀 만들기 ④

박찬희 지음

선생님! 6·25가 뭐예요?

꿈과 희망

차례

제1부 전쟁은 왜 하는 거죠?

1. 인류의 전쟁사   11
2. 전쟁은 왜 일어나죠?   17
3. 승리도 패배도 슬픔이다   23

제2부 동족상잔의 비극 6·25

1. 전쟁 전은 어땠나요?   31
2. 전쟁은 언제 시작되었고, 어떻게 진행되었나요?   37
3. 유엔은 무엇을 했나요?   46
4. 전쟁은 끝난 게 아닌가요?   52

제3부 치열했던 전쟁 현장

1. 맥아더의 인천상륙 작전 61
2. 치열했던 낙동강 전투 69
3. 통일의 꿈을 뒤엎은 1·4후퇴 77

제4부 치유할 수 없는 아픔 그 사연들

1. 이산가족 상봉의 날들
2. 상처받은 사람들

    사연 하나
    만났지만 옛 시절로 돌아가지 못하는
    누나와 남동생 88

    사연 둘
    잃은 자식 가슴에 묻고 떠난 할머니 94

사연 셋
48년만에 만난 부부   98

사연 넷
산산이 부서진 장군의 꿈   103

사연 다섯
부모님 계신데도 고아처럼 살았어요   108

부록

1. 전쟁의 영웅들   117
   나폴레옹 보나파르트   118
   잔다르크   130
   광개토대왕   136
   이순신   143
   롬멜   153
   오다 노부나가   170
   조조   178
2. 전쟁기념관   178

머리말

아직 우리나라는 전쟁중이라는 말을 하면 아이들은 눈을 둥그렇게 뜨고 아니라고 외칠 것입니다. 그러나 불행히도 우리나라는 전쟁이 끝나지 않았습니다. 1950년 6월 25일 전쟁이 시작된 이후 휴전이 성립되긴 했지만 종전을 한 것이 아니기 때문입니다.

서독과 동독으로 갈라졌던 독일이 통일되던 때 우리도 곧 통일이 이루어질 것이라는 희망을 가진 적이 있습니다. 그러나 아직 통일은 이루어지지 않았습니다. 조금씩 서서히 통일의 길로 우리는 가고 있을 뿐입니다.

세계에서 한 민족이면서 분단된 나라는 우리나라뿐입니다. 우리가 통일을 이루기 위해서는 우리나라에서 어떤 일이 일어났는지 정확하게 알고 미래를 준비해야 합니다.

요즘 이 지구상에는 크고 작은 분쟁들이 끊이지 않고 일어나고 있습니다. 모두들 평화를 외치면서 보이지 않는 손으로는 총칼을 들이대고 있습니다.

이제 우리는 전쟁을 왜 하고 무엇이 옳고 그른지에 대한 판단을 올바르게 해야 할 때입니다. 이 나라의 평화와 세계의 평화를 위해서 말입니다.

북한이 갑자기 남쪽을 침략한 것을 보도한 국내, 국외 신문들
(왼쪽부터) 조선일보, 뉴욕타임즈, 유고슬라비아신문, 미국기관지인 '성조지' 신문들이 6·25전쟁은 북침이 아닌 '남침'으로 보도하고 있다.

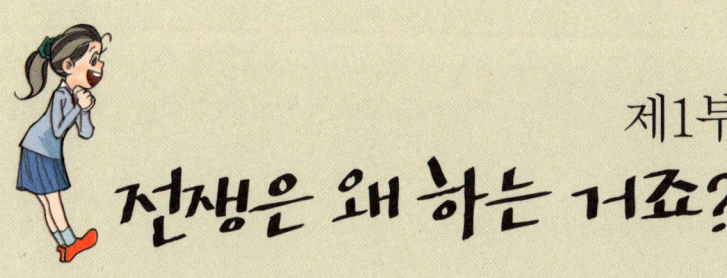

제1부
전쟁은 왜 하는 거죠?

1
인류의 전쟁사

　인류의 역사는 곧 전쟁의 역사라고 해도 지나치지 않을 만큼 세계 곳곳에서는 잠시도 쉴 틈이 없이 전쟁이 일어나고 있습니다.

　우리나라의 경우 이미 삼국시대부터 신라 고구려 백제가 숱하게 싸움을 벌였으며 삼국통일 후 고려와 조선으로 이어져온 역사 속에서도 전쟁은 수없이 일어났습니다. 특히 조선시대는

임진왜란이란?

1592년(선조 25)부터 98년까지 2차에 걸쳐서 조선에 침입한 일본과의 싸움으로, 1차 침입이 임진년에 일어났으므로 '임진왜란' 이라 부르며, 2차 침입은 정유년에 일어나 '정유재란' 이라 하는데 보통 임진왜란이라면 정유재란까지 포함해서 말합니다. 우리나라에서 부르는 임진왜란을 일본에서는 '분로쿠 게이초의 역' 이라 부르고, 중국에서는 '만력의 역' 이라 부릅니다.

일본으로부터의 침입을 수없이 받았고 임진왜란은 그 대표적인 예라고 할 수 있습니다. 결국 일본은 2차대전과 함께 1919년부터 1945년까지 우리나라를 강제로 식민지화시켜 지배하기도 했습니다.

아시아 유럽 아메리카 등 세계 각국에서도 이미 오래 전부터 전쟁은 수없이 일어났고.이로 인해 수많은 목숨들이 이슬처럼 사라져갔습니다.

고대의 전쟁으로는 포에니 전쟁을 빼놓을 수가 없습니다. 로마와 카르타고의 충돌로 일어났는데, 최초의 전쟁은 기원전 264년에 시작되어 120년 동안 세 차례의 전쟁이 일어난 가운데 결국 241년 로마의 승리로 끝이 났습니다.

또 유럽의 전쟁 중에서는 백년전쟁을 말하지 않을 수 없습니다. 1339년 플랑드르군과 북프랑스군 사이의 사소한 다툼에서 비롯된 백년전쟁은 1340년 영국 함대가 라인강의 하구에 있는 슬로이스에서 프랑스 함대를 격파하였습니다. 그리고 1345년에 이르러 에드워드 3세가 그의 맏아들 에드워드와 함께 노르망디에 상륙한 후 칼레시로 진격하여 이 성을 완전히 포위하자 결국 프랑스군은 1347년에 영국군에게 항복하였습니다. 그러나 이 전쟁은 쉽게 끝나지 않았습니다. 프랑스를 전쟁터로 하여 수 차례에 걸친 휴전과 전쟁을 되풀이하면서, 1337년부터 1453년까지 무려 116년 동안 전쟁은 계속되었던 것입니다.

한때는 중국도 영국과 크게 싸운 적이 있었습니다. 1840년부터 1842년까지 전쟁을 치렀는데, 그 원인은 아편 때문이었습니다. 그래서 아편 문제를 둘러싼 청나라와 영국간의 전쟁을 아

트로이전쟁에 대해서 알고 싶어요.

고대 그리스인들에게 전해 내려오는 그리스와 트로이 사이의 전쟁. 전쟁 원인은 영웅 아킬레우스의 부모인 펠레우스와 테티스의 결혼식에 엘리스(불화의 여신)가 초대되지 않은 일로부터 시작되었습니다. 불화의 여신은 화풀이로 '가장 아름다운 여인에게'라고 적은 황금사과를 결혼식장에 던져 넣었습니다. 헤라·아테나·아프로디테(비너스)여신이 서로 그것을 차지하려고 아름다움을 겨루었습니다. 심판관인 트로이 왕자 파리스(알렉산드로스)는 그리스 제일의 미녀를 줄 것을 약속한 아프로디테에게 황금사과를 주고, 그 대신 스파르타왕 메넬라오스의 왕비 헬레네를 트로이로 데려오는 데 성공하였습니다. 아내를 빼앗긴 메넬라오스는 형인 미케네왕 아가멤논을 움직여 그리스 여러 나라 왕들에게 트로이원정의 격문을 보냈으며, 연합선대가 보이오티아의 아우리스에 집결해 트로이로 향하였습니다. 견고한 성벽으로 방어된 트로이는 쉽게 함락되지 않아 전쟁은 10년 동안 계속 되었습니다. 이때 총수인 아가멤논과 영웅 아킬레우스 사이에 불화가 생겨 그리스군은 고전을 거듭하였습니다. 친구 파트로크로스가 전사하자 아킬레우스는 복수의 화신이 되어 싸움터로 달려가 적장 헥토르를 처치하였으나, 나중에 그 자신도 전사하고 말았습니다. 트로이가 우세해지자 그리스군은 이타케왕 오디세우스가 고안해낸 거대한 목마 속에 군사를 숨겨두고 후퇴하였습니다. 승리에 취한 트로이군사는 그 목마를 성 안으로 끌어들였고, 목마 속의 그리스군은 간단히 성을 함락시켜 역전승을 거두었습니다.

고대에는 이 전쟁의 사실성에 대해 의심하지 않았으나 19세기의 비판적인 사학연구가들에 의해 허구로 처리하는 풍조가 나타났습니다. 그런데 H. 슐리만의 트로이유적 발굴 성공으로 전승과 사실(史實)을 결부시키려는 움직임이 활발해졌습니다. 1930년대에 트로이유적의 과학적 재조사를 실시한 C. W. 블레겐은 유적의 상황으로 보아 트로이전쟁이 실제로 있었던 것이라면, 트로이 제7층 A시(파괴 연대 BC 1250 무렵)가 적합하다고 주장하였습니다.

편전쟁이라고 합니다. 아편 문제로 청나라와 영국 간의 갈등이 커지던 1840년 여름, 함선 48척과 병력 4,000명으로 구성된 영국 함대가 북상하여 베이징에 이르는 통로인 천진을 위협하자, 청나라는 일단 휴전을 명하고 강화 교섭을 추진하였습니다.

지금은 이라크를 대상으로 전쟁을 벌여 세계를 뒤흔들어놓고 있는 미국 내에서도 전쟁은 일어났습니다. 남북전쟁이 그것으로 링컨이 사우스캐롤라이나의 수도 찰스턴 항구에 있는 섬 터요새에 식량을 보내려 하자 남부연합이 이것을 연방측의 지원 행동으로 보고, 지금이야말로 남부에서 연방군을 몰아내야 할 때라고 생각한 것이 전쟁의 화근이 되었습니다. 4월 12일 새벽 남부연합의 섬터요새 포격으로 시작되어 4년에 걸친 격전 끝에 남부는 패하였고 다시 연방으로 복귀하는 데 10여 년이 걸렸습니다. 나라가 갈라져서 싸운다는 것은 확실히 민족적 비극이었으나 남북전쟁은 자유와 평등을 위해 국가적 단결을 한 층 굳혔다는 좋은 평가를 받고 있기도 합니다.

20세기 들어서는 제1차세계대전과 제2차세계대전이 발생했습니다. 1차세계대전은 1914년 7월 28일 오스트리아 세르비아에 대한 선전포고로 시작되어 1918년 11월 11일 독일의 항복으로 끝난 세계적인 규모의 전쟁입니다. 영국·프랑스·러시아 등의 연합국, 즉 협상국과 독일·오스트리아의 동맹국이 서로 맞붙어 싸운 전쟁입니다.

2차세계대전은 1939년 9월 1일 독일이 폴란드를 침입하자 이에 영국과 프랑스가 대항하기 시작하여 1941년의 독일·소련 전쟁 그리고 태평양전쟁의 발발을 거쳐 1945년 8월 15일 일본의 항복에 이르는 기간 동안 전 세계를 뒤흔들어놓았던 전쟁을 말합니다.

  그 이후에는 한국전쟁인 6·25가 발생했고 20세기 중반 이후로는 아프가니스탄, 이란, 이라크 등 중동지역에서 수시로 전쟁이 발생하면서 이 지역은 '전쟁의 화약고'라는 불명예스러운 꼬리표를 달게 되었습니다.

20세기 주요 전쟁 연표

- ▲1904년 러 · 일전쟁(~1905)
- ▲1912년 제1 · 2차 발칸전쟁(~1913)
- ▲1914년 제1차대전 발발
- ▲1918년 제1차대전 종전
- ▲1920년 국제연맹 설립
- ▲1927년 제네바 군축회의 실패
- ▲1931년 만주사변
- ▲1935년 제2차 에티오피아 전쟁
- ▲1936년 스페인 내전(~1939)
- ▲1937년 중 · 일 전쟁
- ▲1939년 독 폴란드 침공, 제2차대전 발발
- ▲1940년 독 · 이 · 일 3국 군사동맹 체결
- ▲1941년 독 · 소전쟁 개시
- ▲1941년 진주만 공격으로 태평양전쟁 개시
- ▲1943년 이탈리아 항복
- ▲1944년 연합군, 노르망디 상륙작전
- ▲1945년 얄타회담, 히로시마 등에 원폭 투하, 독 · 일 항복으로 2차 대전 종전
- ▲1950년 한국전쟁
- ▲1952년 미, 수소폭탄 실험 성공
- ▲1965년 미 북베트남 폭격, 월남전 확대
- ▲1967년 제3차 중동전쟁
- ▲1973년 제4차 중동전쟁
- ▲1980년 이란 · 이라크전쟁
- ▲1991년 걸프전
- ▲1999년 코소보전쟁

2

전쟁은 왜 일어나죠?

지역적 분쟁과 소규모 내전을 합쳐 제2차세계대전이 끝난 1945년 이후 지금까지 60여 년 동안 무려 160여 차례를 웃도는 전쟁이 지구촌 곳곳에서 벌어졌습니다. 특히 20세기 들어서 인류는 핵무기라는 대량살상 무기를 발명해 실전에 사용했습니다.

90년대 사회주의와 민주주의로 대표되는 동서냉전의 시대가 끝나면서 이제 전쟁은 없을 것이라고 많은 사람들이 기대를 하였습니다. 하지만 세계 각국은 핵무기의 개발과 비축을 중단하지 않았고 과학기술이 발전하는 만큼 인명살상용 무기도 파괴력을 더해가고 있습니다.

특히 20세기말 소비에트연방이 몰락하면서 제3차 대전과 인

류 멸망의 공포는 사라진 듯했습니다. 그러나 21세기가 20세기보다 평화적인 세기가 될 것이라는 낙관적 전망을 하기에는 아직은 미흡한 점이 많습니다. 냉전 후 시대가 갈등 없는 조화로운 세계가 될 것이라는 것은 어디까지나 사람들의 바람일 뿐 21세기 들어서도 전쟁은 계속되고 있기 때문입니다.

전쟁의 원인으로는 가난과 경제적 불평등, 인종적 종교적 갈등과 민족주의 운동, 환경 악화와 자연 자원의 부족과 잘못된 사용, 식민주의의 지속을 포함한 원주민의 소외, 미디어의 폭력과 선정성, 지구적 지배를 위한 민주제도의 부재, 인권 보호의 실패 등을 꼽을 수 있습니다.

전쟁을 일어나게 하는 이 모든 원인들의 시작은 인간의 욕심에서 비롯됩니다. 전세계의 모든 사람들이 이해와 사랑을 실천하며 살아간다면 지구촌 어디에서도 전쟁은 일어나지 않을 것입니다.

고대나 중세의 경우 영토 확장이나 식량 해결을 위해 빼앗고 빼앗기는 전쟁을 하였습니다. 그러나 현대에 들어와서는 영토보다는 인종이나 종교 사상 외교관계 등의 문제로 인해 발생하고 있습니다. 이를테면 백인종이 흑인종을 무시하는 엄청난 사건이 발생했다거나 어느 지역에서 한 종교가 타 종교를 탄압하는 발생할 경우 전쟁은 쉽게 일어납니다.

사람의 생각이나 내면의 심리를 건드려 자극하는 것이 경제적 요인보다 전쟁을 일으키는 데 우선적인 요인이 된다는 것입니다. 하지만 일부에서는 여전히 전쟁 이면에는 전쟁으로 인해 한 국가가 차지할 수 있는 경제적 이득 때문임을 강조하는 이들도 있습니다.

전쟁은 어느 한쪽의 공격으로부터 시작됩니다. 공격에 대비한 방어의 자세가 되어 있는 상태에서의 전쟁도 있지만 때로는

이라크무기공장을 시찰하는 UN무기사찰단 일행

대량살상무기가 무엇이죠?

생화학무기 · 핵무기 · 중장거리미사일 등 짧은 시간에 대량의 사람 목숨을 해칠 수 있는 무기를 대량살상무기라고 하며, 'WMD(Weapons of Mass Destruction)'라고 합니다.
생화학무기 · 중장거리미사일 · 핵무기 등과 같이 짧은 시간 안에 많은 목숨을 해침으로써 강한 파괴력을 가진 무기들을 모두 일컬어 말합니다. 이러한 막대한 파괴력 때문에 핵확산금지조약(NPT) · 생물무기금지협약(BWC) · 화학무기금지조약(CWC) 등 여러 국제협약에서는 대량살상무기의 개발을 금지하고 있습니다.
특히 2001년 미국의 9 · 11테러사건 이후 미국이 대량살상무기의 확산 방지에 적극적으로 개입하면서 이라크 · 북한 · 이란 등의 대량살상무기에 대해 세계의 관심이 집중되었습니다. 그러나 2002년 국제연합 이라크 무기사찰단은 '이라크가 대량살상무기를 보유하고 있거나 이를 개발하려 한다는 점을 보여주는 항공 사진이나 자료들은 없다'고 밝혀 미국이 주장하는 이라크 위협론에 논란이 일기도 하였습니다.
1999년 미국 '국방백서'에 따르면 북한의 경우 초보적인 핵무기 1 · 2개를 조립할 수 있는 생산능력을 가지고 있으며, 사정거리 1,300km에 달하는 대포동미사일 개발을 완료하였습니다. 또 생화학무기와 중장거리 무기도 개발중인 것으로 알려져 있지만 아직 확인되지 않고 있습니다.

무방비 상태에서 공격을 받기도 합니다.

  어떤 이들은 인류가 존재하는 한 전쟁은 지속될 것이라고 말하기도 합니다. 이는 인간의 내면에 자리한 욕심은 인간이 살아 숨쉬는 한 사라질 수 없는 것이기 때문입니다.

  사람들이 살아가는 세상에서 발생하는 개인과 개인의 작은 싸움 역시 전쟁과 무관하지 않다고 볼 수 있습니다. 서로 공격하고 방어하는 가운데 상처가 생기고 그로 인해 아픔이 남게 되는 것은 단지 그 싸움의 규모가 작은 것일 뿐 크게는 전쟁이나 다름없는 것입니다.

  '인간은 생각하는 갈대'라는 철학자 파스칼의 명언처럼 인간은 매사에 생각을 하는 심리적 동물이기 때문에 서로 미워하고 원망하고 사랑하고 좋아하는 등 각자의 생각을 행동으로 옮깁니다. 전쟁은 아마도 이중에서 미워하는 마음이 커져서 생겨나는 것이 아닌가 싶습니다.

  한편으로는 많은 사람들은 화해와 평화를 추구합니다. 서로 이해하고 믿고 사랑하는 아름다운 사회를 만들고자 노력합니다. 하지만 지금 전세계 수십억의 인구들 중에는 늘 도전적이고 증오하는 마음을 갖고 있는 이들도 적지 않습니다.

  전문가들은 전쟁이 일어나는 것을 방지하기 위해서는 각국이 정부차원의 외교뿐만 아니라 다자적인 외교를 해야 할 필요성이 있다고 합니다. 이를테면 갈등의 해결은 정부, 국제기구,

민간외교 등 갈등을 조정할 수 있는 여러 가지 주체가 제 역할을 할 때 가능하다는 것입니다. 또 구체적으로 평화 정착을 위해 유엔의 능력 강화, 지역시민사회 참여 확대, 시민사회단체의 연대 강화, 시민평화전문가의 훈련 촉진, 소수민족의 이해 대변, 평화단체 강화, 여성의 역할 강화, 미디어 교육 강화 등이 필요하다고 합니다.

UN(United Nations, 국제연합)이란?

제2차 세계대전 후 평화와 안전의 유지, 국제우호관계의 증진, 경제적·사회적·문화적·인도적 문제에 관한 국제협력을 목적으로 창설된 국제기구. 국제연맹을 계승한 것으로 1945년 6월 샌프란시스코 전체연합국회의에서 UN헌장이 조인되어 10월 24일 발족하였습니다. 총회·안전보장이사회·경제사회이사회·신탁통치이사회·국제사법재판소·사무국의 6개 주요기구를 두고, 그 밖에 국제노동기구(ILO)·국제연합교육과학문화기구(UNESCO)·국제연합식량농업기구(FAO) 등 15개 전문 기구가 있습니다. 우리나라는 6·25사변 때 유엔군의 도움으로 자유세계를 지킬 수 있었기에 유엔은 우리와 각별한 관계에 있습니다. 우리나라와 북한은 91년 9월 18일 제46차 UN총회에서 가입이 승인·확정되었습니다. 본부는 뉴욕시에 있습니다.

3
승리도 패배도 슬픔이다

'전쟁에서 승자란 없다'는 말이 있습니다. 설령 전쟁에서 승리를 했다고 할 지라도 아픔은 남기 때문입니다.

한 나라가 다른 나라를 침략해서 영토와 재물을 차지했다고 칩시다. 땅과 재물을 잃은 국민들은 한없이 슬프고 나라 잃은 설움 또한 클 것입니다. 그렇다면 침략을 통해 자신들의 욕망을 채운 나라의 국민들은 어떠할까요?

미국은 세계에서 가장 강력한 군사적 힘을 갖고 있기에 전쟁에서 승리할 가능성 또한 높으며 실제로 미국과 싸워 이길 수 있다고 장담하는 나라는 없습니다. 그렇지만 미국의 국민들 다수는 더 이상 전쟁을 원하지 않습니다. 미국이 9·11 테러로 인한 복수의 하나로 오사마 빈 라덴 잡기 위해 아프가니스탄을 무참히 공격했던 일과 독재자 후세인 정권을 무너뜨리기 위해 이라크를 공격한 것에 잘했다고 박수를 쳐주는 이들은 많지 않습니다.

이유는 지극히 단순하면서도 중요한 한 가지입니다. 전쟁은 승자도 패자도 다같이 상처를 받기 때문입니다. 아프가니스탄과 이라크에 대한 공격으로 얼마나 많은 미군이 죽었고 아무 죄 없는 많은 아프가니스탄과 이라크 국민들이 생을 마감해야 했습니까?

지난 2003년 3월 20일 미군주도의 연합군이 이라크 침공을 시작한 이래 2004년 1월까지 약 10개월 동안 미군사망자 수는 500여 명에 달하며 이라크 국민 사망자수는 셀 수 없이 많습니다. 미국국민들에게 미국의 이라크 공격이 설령 타당성이 있는 것이라 판단될지라도 자신들의 아들과 형제가 전쟁터에서 죽어가는 한 전쟁에 대해 환호성을 지르지는 못할 것입니다.

태평양전쟁과 2차세계대전으로 수많은 사상자를 낸 일본의 경우 뉴스에 자주 나오는 일본의 야스쿠니 신사에만도 도조 히데키 등 태평양 전쟁 A급 전범 14명을 포함해 전쟁 사망자 246만여 명의 위패가 안치되어 있습니다.

수많은 사람들의 목숨을 앗아가는 전쟁을 즐겁게 받아들이는 사람들이 있다면 그들은 분명 악마적 기질을 지닌 이들일 것입니다. 전쟁의 승리가 국가적인 승리로서는 자축할 일인지 모르지만 국민들 개개인에게는 아픈 기억과 상처일 뿐이기 때문입니다.

전쟁으로 인한 상처는 이뿐만이 아닙니다. 공격을 하여 승리를 이끈 나라라 할지라도 전쟁으로 인한 엄청난 경제적 손실을 감당해야 합니다. 무기 식량 등에 막대한 비용이 들어가기 때문입니다.

그간 역사 속에 기록된 수많은 전쟁들을 통해 많은 사람들은 전쟁에 따른 인적 물적 손실을 잘 알고 있기에 전쟁 없는 평화를 원합니다. 또 지구촌 모든 사람들이 서로를 믿고 이해하는 가운데 하나가 되어 아름다운 세상을 만들어 갈 수 있길 희망합니다.

9·11 테러란?

9·11 테러는 이라크 '알케에다'라는 테러 조직이 뉴욕 중심지에 있는 세계무역센터, 일명 쌍둥이 빌딩에 항공기로 자살 테러를 가한 것입니다.
미국과 이라크는 종교문제로 큰 고심을 겪고 있습니다.
이라크[중동] 지역은 이슬람교를 믿고 있습니다. 이슬람교는 불교, 그리스교와 더불어 세계3대 종교 중 하나이죠. 이슬람교는 중동인을 하나로 묶는 나라를 초월한 종교랍니다.
미국의 종교 간섭으로 인해 걸프전쟁이 일어났고 그래서 이슬람교를 믿지 않는 나라를 괴롭히려고 조직한 알카에다를 미국을 괴롭히는 테러조직으로 바꾸면서 이 테러가 일어났습니다.
그리고 아직 테러조직과 미국의 전쟁은 끝나지 않았습니다.

오사마 빈 라덴은 누구인가요?

1957년, 사우디 아라비아 수도 리야드에서 아라비아 최대건설업체인 '빈 라덴 그룹' 소유주의 아들로 태어난 그는 어린 시절부터 이슬람 원리주의 운동에 심취하며 자랐습니다.
22살 되던 1979년, 옛 소련이 아프가니스탄을 침공하였습니다. 철저한 회교 원리주의자였던 라덴은 회교 국가는 이슬람인들이 지켜야 한다고 생각하여, 이슬람 동포를 위한다는 구실로 사재를 털어 '알 콰이다(이슬람 구제기금)'를 설립하였습니다. 그후 아프가니스탄의 회교 반군 지도자 탈레반에게 자금과 무기 등을 지원하였으며, 1986~1989년에는 자신이 직접 전투에 참가하여 아랍 국가들로부터 '아랍의 영웅'이라는 칭호까지 받았습니다.
1990년, 미군이 사우디에 주둔하자 이에 반발하여 반정부·반미 활동을 펼치다가 1991년에 결국 사우디에서 추방당했습니다. 이 사건 이후 그는 미국이라는 나라를 이슬람 사회를 파괴하는 원수 국가로 규정지었으며, 테러리스트 오사마 빈 라덴과 미국의 악연이 시작된 것입니다.
수단으로 쫓겨난 뒤에도 반미 운동을 멈추지 않던 그는 1994년, 마침내 조국 사우디 정부에 의해 국적을 박탈당합니다. 라덴은 탈레반을 도와 아프가니스탄의 집권자로 만든 후 그의 보호 아래 지금까지 아프가니스탄에 머무르고 있습니다. 그리고 유산으로 물려받은 3억 달러를 반미 테러를 위한 무기 구입과 아프가니스탄 반군 세력을 유지하는 데 쏟아부었습니다.
아프가니스탄으로 본거지를 옮긴 라덴은 '아랍을 오염시키는 미 제국주의'에 대한 지하드(성전)를 선포합니다. 그후 세계 여러 곳에 테러리스트 양성소와 생화학 무기 공장을 만들어 10여 년에 걸쳐 끊임없이 미국에 대한 테러를 하고 있습니다. 라덴은 인터넷 전자우편으로 테러 목표와 작전을 지시하기도 하며, 세계적인 인명록인 후즈 후(Who's who?)에도 '테러 주모자'로 이름이 올라 있을 정도입니다.

북한군의 남하를 늦추기 위해 폭파시킨 한강 인도교

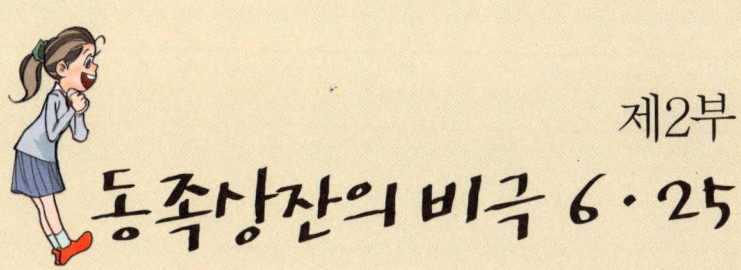

제2부 동족상잔의 비극 6·25

1

전쟁 전은 어땠나요?

1945년 제2차 세계대전이 막을 내리면서 우리나라는 36년이라는 긴 세월 동안 일본의 불법적인 점령으로부터 해방되었습니다. 그러나 이는 일본군으로부터의 해방이었을 뿐 또 다른 비극이 기다리고 있었습니다. 카이로회담에서 이미 독립이 약속은 되어 있었음에도 불구하고 북위 38도선을 경계로 하여 북

카이로회담이란?

제2차세계대전 중 연합국 대표들이 모여 대일본항전과 전후 처리에 대하여 구체적으로 검토한 최초의 회담입니다. 1943년 11월 22일부터 26일까지 이집트의 카이로에서 미국대통령 F. D. 루즈벨트, 영국총리 W. L. S. 처칠, 중국총통 장제스가 참석하여 함께 일본에 대항할 것과 전쟁이 끝난 후 영토에 대해 의논하여 '카이로선언'을 발표하였습니다. 내용은 태평양에서 일본이 점령하고 있는 여러 섬을 돌려받고, 일본이 중국에서 빼앗은 모든 영토를 돌려주며, 한국을 독립시키고 연합국은 일본이 무조건 항복할 때까지 협력하여 싸울 것 등입니다. 카이로선언은 1945년 7월 포츠담선언에서도 다시 한 번 확인하여, 일본의 항복에 관한 기본방침이 되었습니다.

임시정부요인들의 귀국을 환영하는 장면

카이로회담 장면
왼쪽부터 장제스, 루즈벨트, 처칠

쪽에는 소련이 남쪽에는 미국이 각각 주둔함으로써 국토 분단의 역사가 시작된 것입니다.

당시 대표적인 사회주의 국가였던 소련은 남북간의 왕래와 모든 통신연락을 단절시키며 공산화 통일을 주장하고 나섰지만 미국은 이와 반대되는 입장이었기 때문에 이를 받아들일 수 없었습니다. 따라서 분단 문제 해결을 위해 개최된 미소공동위원회도 결국 결렬되고 말았습니다.

또 미국과 소련이 서로의 약속에 따라 우리나라를 나눠서 대신 이끌어가는 동안(신탁통치), 남한에는 미국의 이념인 민주주의가 북한에는 소련의 이념인 공산주의가 널리 퍼지게 되었고 남한과 북한 사람들의 사고방식 또한 서로 달라지게 되었습니다. 물론 모든 이들이 그런 것은 아니었지만 북에 사는 사람들 중에는 공산정권을 추종하는 이들이 생겨났고, 남에 사는 사람들 중 일부가 좌익 우익으로 나뉘었습니다. 광복의 기쁨은 잠시였고 다시 어수선한 분위기 속에서 우리나라에는 강대국들의 지배를 받아야 하는 어처구니없는 일이 벌어졌습니다.

이에 유엔은 1947년 제2차 총회에서 하나로 통일된 한국정부수립을 위한 총선거를 1948년 5월 31일 이전에 한반도 전역에서 실시하기로 결의합니다. 선거 감시를 위한 유엔 한국임시위원단을 구성하기도 했으나 1948년 1월 소련이 이를 거부하고 유엔 한국임시위원단의 북한 지역 출입을 막음으로써 남북

신탁통치란?

1945년 12월 15일 미국, 영국, 소련 3개국 외상들이 모스크바에서 회의를 열고, 앞으로 5년 동안 미국, 영국, 소련, 중국이 한국을 신탁통치한다는 합의를 보았습니다. 신탁통치란 그들 네 나라가 아직 독립할 힘이 없는 한국을 대신 다스린다는 말입니다. 스스로 일어설 수 없는 나라나 지역에 대해 국제연합이 감독하여 대신 통치를 해주는 것을 말합니다.

제헌국회의 모습과
제헌국회의원들의 모습

제헌국회란?

헌법을 제정하기 위하여 구성된 국회. 한국정부가 세워지기 전인 1948년 5월 10일 국제연합 (UN) 감시 아래 남한만 국회의원총선거를 하였습니다. 좌익의 치열한 선거방해 공작과 김구·김규식 등 민족주의 사람들이 선거를 하지 않았음에도 불구하고 유권자의 95.5%가 투표에 참가하여 제주도를 제외한 남한 전체에서 임기 2년의 198명 의원이 선출되었으며, 제주도에서는 1년 후에 2명의 의원이 선출되었습니다. 1948년 5월 31일에는 제헌국회 개원식이 거행되어 초대의장에 이승만, 부의장에는 신익희·김동원 의원이 선출되었습니다. 헌법과 정부조직법·지방자치법 등 149건의 새로운 법을 만들어 국가의 기틀을 마련하였습니다.

제헌국회는 7월 1일 나라의 이름을 대한민국으로 정하고, 내각책임제 요소가 들어간 대통령중심제 헌법을 7월 12일 의결하였으며, 7월 17일 국회의장이 서명하여 세상에 알렸습니다. 국회는 헌법에 정해진 순서에 따라 7월 20일 이승만의장을 대통령으로, 이시영의원을 부통령으로 선출하였습니다. 8월 2일에는 이범석국무총리임명동의안을 통과시키고, 8월 4일에는 신익희부의장을 국회의장으로, 김약수의원을 부의장으로 선출하였습니다. 8월 5일에는 김병로 대법원장 임명승인요청을 동의함으로써 정부를 만들기 위한 기본적인 조치를 끝냈습니다. 이에 따라 8월 15일에는 역사적인 대한민국 정부가 세워졌음이 선포되었습니다.

김일성의 젊은 시절 모습

분단은 원점으로 돌아갔습니다.

하지만 1948년 2월 26일 유엔 소총회는 '유엔의 감시가 가능한 지역에서의 선거실시'를 결의하였고 이에 따라 1948년 5월 10일 38도선 이남 지역에서 자유 총선거가 실시되어 제헌국회가 구성되었습니다. 또 1948년 8월 15일에는 대한민국의 건국을 세계만방에 선포하였습니다. 북한은 소련군의 주도하에 북한 지역을 장악한 김일성 등이 같은 해 9월 9일 독자적 공산정권인 '조선민주주의 인민공화국'을 선포하고 소련을 비롯한 공산 국가들로부터의 승인을 얻어냈습니다.

이같은 분단의 상황이 온 것만으로도 슬픈 일이었지만 김일성은 이 기회를 틈 타 소련 및 중공의 대폭적인 지원을 받아 무기를 확보하고 남한 내에서 각종 게릴라 활동을 전개하는 등 남침을 위한 준비활동을 했습니다.

또한 북한은 병력보충을 위한 인적 자원 확보를 위해 각 도에 민청훈련소를 설치하여 청장년을 훈련시키는 한편, 고급 중학 이상의 모든 학교에 배속장교를 두어 학생들을 훈련시켰습니다. 북한 전역에 조국보위후원회를 조직하고, 17세부터 40세까지의 모든 남녀를 동원하여 군사훈련을 실시하였는가 하면 1950년에 접어들어서는 서울을 비롯한 남한 전역의 지형을 연구하고 이를 토대로 훈련을 계속하는 등 전쟁 초읽기에 들어갔습니다.

2
전쟁은 언제 시작되었고 어떻게 진행되었나요?

　　1950년 6월 25일 김일성이 이끄는 북한군은 드디어 남침을 개시했습니다. 한국전쟁이 터진 것입니다. 북한군은 이날 새벽 4시경 서해안의 옹진반도로부터 동해안에 이르는 38선 전역에 걸쳐 국군의 방어진지에 맹렬한 포화를 집중시키면서 기습공격을 퍼부었습니다. 적의 YAK전투기가 서울 상공에 침입하여 김포비행장을 폭격하고, 시가에 총격을 가했습니다.

　　전쟁이 일어날 당시 남한의 국군은 노동절(5월 1일)과 국회의원 선거(5월 30일)를 거치면서 장기간 비상근무를 계속하여 온데다 북한의 평화공세가 나타나면서 오히려 경계태세는 풀어진 상태였습니다. 특히 북한의 평화공세에 대비하여 내려졌던 비상경계령이 6월 23일 24시를 기해 해제되어 병력의 30%

가 외출 중이었습니다. 따라서 북한의 기습공격은 빠른 속도로 전개될 수 있었습니다.

7개 보병사단, 1개 기갑사단, 특수 독립연대 등으로 구성된 북한군의 총병력은 11만 1,000명에 달했고 1,610문의 각종 포와 280여 대의 전차 및 자주포 등이 동시에 남침에 투입됐습니다. 북한군의 제1군단은 서울을 목표로 일제히 남진하였고, 제1군단 예하 제1·6사단은 제105전차여단의 제203전차연대와 제206기계화연대의 지원을 받으면서 개성에서 서울로 공격을 퍼부었습니다. 또 주 공격부대인 북한군 제3·4사단과 제105전차여단은 각각 연천·철원 일대에서 의정부를 거쳐 서울로 공격해 왔습니다.

옹진, 개성, 동두천, 춘천, 강릉 등 11개 지역에서 38도선이

북한군의 남하를 늦추기 위해 폭파시킨 한강 인도교

출동하는 군인들

뚫렸습니다. 치안을 유지하고 공산게릴라를 소탕하는 정도의 군사력밖에 없었던 대한민국 국군으로는 적의 우세한 군사력에 무너질 수 밖에 없는 처지였습니다.

전쟁이 터진 지 하루 만인 6월 26일에 의정부가 북한군에 점령당하였고, 6월 27일, 정부는 대전으로 옮겨갔습니다. 전세는 북한군에게 계속해서 밀려 정부는 7월 16에는 대구로 옮겨갔다가 8월 18일에는 육지 끝인 부산으로까지 내려갔습니다.

공산군의 남침이 있자 정부는 곧바로 미국에 도와달라고 하였고, 국제연합 한국 위원단도 북한의 전면적인 침입임을 확인하였으며, 국제연합 보장 이사회는 '적대 행위의 즉각 중지와 북한군의 38도선 이북으로 즉시 철수'를 결의하였습니다. 그러나 북한이 이를 거부하고 남침을 계속 하자, 국제연합 안전보장이사회는 모든 회원국에 한국을 돕도록 권고하는 결의안을

서울을 되찾은 후 중앙청에 태극기를 게양하고 있는 해병대

통과시켰습니다. 이에 영국, 오스트레일리아, 뉴질랜드, 네덜란드 등 여러 나라가 지원을 약속하여 미군을 주력으로 한 연합군이 형성되었습니다.

남한군은 한때 낙동강까지 후퇴할 만큼 힘없이 무너졌지만, 전세가 다급했던 국군과 연합군이 9월에 접어들면서 승기를 잡기 시작해 9월 15일에는 한국전쟁의 영웅인 맥아더 장군에 의한 인천 상륙 작전이 시작되었습니다. 이에 9월 16일부터는 총 반격을 시작해 9월 28일에는 서울을 다시 되찾고 9월 말에는 점령당했던 남한 지역 대부분을 되찾았습니다.

10월 1일, 맥아더 장군의 항복요구를 북한측이 거절하자, 국군과 연합군은 38도선을 돌파하여, 10월 19일 평양을 점령하고 10월 26일 압록강변에 도달했습니다. 이쯤 되자 국민들은 민족 통일의 희망이 곧 실현될 것이라는 기대에 부풀었습니다.

그러나 10월 25일, 중공군의 불법 개입으로 판도는 다시 달라졌습니다. 중공군의 인해전술로 인해 1·4후퇴가 시작되고 공산군의 반격으로 한강 이남까지 내주게 되었습니다. 하지만 다시 국군과 연합군이 반격을 가해 38도선 부근까지 공산군을 밀고 올라갔고 그후로는 각 전선에서 치열한 전투가 계속 되었습니다.

일진일퇴가 거듭되는 상황에서 공산군 측은 전쟁의 불리함을 알아차리고 1951년 6월 23일 소련의 국제연합 대표인 말리크를 통해 휴전을 제의해 왔습니다. 하지만 전쟁의 피해 속에 시달린 우리 국민들은 휴전은 또 다른 전쟁으로 이어질 것이라는 판단에 휴전을 결사 반대하였습니다. 휴전 반대 운동이 전국적으로 전개되고 있는 가운데 한쪽에서는 휴전 회담이 계속 되었습니다.

1951년 7월 10일 개성에서 본 회의가 시작되어, 1953년 스탈린의 사망을 계기로 가속화되었습니다. 이에 따라 우리 정부의 휴전 반대 입장도 더욱 강력해졌습니다. 이승만 대통령은 중공군이 주둔하고 있는 이상 휴전을 반대하며 국군 단독으로라도 북진할 각오라는 입장을 강하게 나타냈습니다.

그러나 결국 한미 상호 방위 조약 체결을 약속받은 한국 정부의 양해로 1953년 7월 27일 직선의 38도선을 곡선의 휴전선으로 바꾸어 놓은 채 휴전이 성립되었습니다.

이로 인해 지금까지 50여 년 넘도록 부모형제가 서로 남북으로 헤어져 서로 만나지도 못하는 이산가족의 아픔과 동족끼리 서로를 적으로 삼고 총을 겨누어야 하는 현실이 계속되고 있는 것입니다.

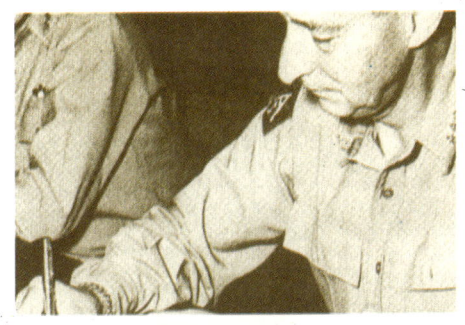

휴전협정에 서명하고 있는 대표들
맨 위는 유엔군 대표 클라크 대령,
두번째는 북한군 대표 김일성,
맨 아래는 중공군 대표 팽덕회

전쟁일지

▲1950.6.25~8.3 : 북한군의 남침
 - 1950년 6월 25일 새벽 4시 기습남침을 감행하여 3일만에 수도 서울 점령.

▲1950.8.5~9.14 : 낙동강 방어작전
 - 국군과 유엔, 수많은 학생들과 해외동포들이 조국을 지키기 위해 전투에 참가하여 낙동강 방어선 구축.

▲1950.9.15~9.30 : 인천상륙잔전과 반격
 - 맥아더 장군의 9월 15일 인천상륙작전으로 서울로 전격하였고 낙동강 방어선의 국군과 유엔군도 총 반격작전을 개시하여 9월 28일 서울 탈환.

▲1950.10.1~11.24 : 38도선 돌파와 북진
 - 국군과 유엔군은 10월 1일 38도선을 돌파하여 19일 평양을 점령한데 이어 원산도 점령.

▲1950.11.25~1951.7.9 : 1.4 후퇴
 - 중공군의 참전으로 국군과 유엔군은 남쪽으로 철수하였고 서울을 다시 내주었습니다. 평택과 삼척선까지 밀리자 재반격을 시도하여 치열한 공방전 전개.

▲1951.7.10~1953.7.27 : 휴전
 - 7월 27일 휴전협정이 체결되어 현재의 휴전선이 결정.

6·25 전쟁의 피해

국군의 인명피해는 전사 58,809명, 부상 178,632명, 실종 및 포로 82.310명 등 총319,759명의 인명피해를 입었고 연합군도 전사 36,991명, 부상 115,648명, 실종 및 포로 6,944명 등 총159,583명에 달한 것으로 알려집니다.

민간인 피해도 컸습니다. 37만여 명이 사망했고, 23만여 명이 부상을 당했습니다. 전쟁 미망인은 20만 명이었고, 전쟁 고아도 10만여 명에 달했다고 합니다.

물적 피해도 커서 4,023개의 학교가 파괴되었고, 2,700동의 행정기관 1,500동의 의료시설, 13,100동의 생산시설 등 모든 분야에 걸쳐 시설물의 상당수가 파괴되었고 총 피해액은 당시 화폐가치로 환산할 때 410,589,759,000환(2,281,054,217 달러)에 달한 것으로 밝혀졌습니다.

3
유엔은 무엇을 했나요?

한국전쟁에서 UN의 역할은 매우 컸습니다. 전쟁 당시 16개국의 연합군이 없었다면 한국은 쉽게 김일성의 공산정권이 되어 버렸을 것입니다. 그러나 세계평화를 희망하는 많은 UN의 국가들의 도움이 있었기에 한국은 지금의 자유와 평화를 누리게 되었다고 볼 수 있습니다.

6월 25일 전쟁이 터지자 미국정부는 남한에 대한 북한의 남침을 평화의 파괴와 침략행위로 보고 즉시 유엔 안전보장이사회의 소집을 요구하였습니다. 이날 오후 2시에 안전보장이사회는 미국이 제출한 결의안을 9 : 0 (기권-유고슬라비아, 결석-소련)으로 채택했습니다. UN은 평화의 파괴를 선언하고 적대행위의 중지와 북한군의 38선까지의 철수를 요구하였습니다. 또한 이 결의안은 모든 회원국이 결의안의 집행에 있어 유엔에 대하여 모든 원조를 제공하며, 북한집단에 원조를 하지 않도록 촉구하였습니다.

이틀 후인 6월 27일 안전보장이사회 회합에서 미국대표 W. R. 오스틴 대사는 6월 25일의 안전보장이사회 결의를 무시한 북한군의 계속적인 대한민국 침략은 '국제연합 자체에 대한 공격임'을 천명하고, 국제평화 회복을 위하여 강력한 제재를 취하는 것이 안전보장이사회의 임무라고 선언하고 안전보장이사회의 토의를 위하여 결의안을 제출하였습니다. 그 날 정오에

한국전에 참전한 유엔군

유엔군의 일원으로 참전한 터키군인들

는 트루먼대통령의 발표문을 낭독한 후 결의안과 자신의 성명 요지 및 대통령 트루먼이 취한 조치의 중점은 유엔의 목적과 원칙, 즉 평화를 지지하는 데 있다고 밝혔습니다.

  이에 안전보장이사회는 찬성 7, 반대 1, 기권 2, 결석 1로 UN 회원국들이 동 지역에서의 군사적 공격을 격퇴시키고 국제평화와 안전을 회복시키기 위하여 필요한 원조를 대한민국에 제공할 것을 권고하는 결의를 채택하였습니다.

미국과 관계 회원국들은 즉각적으로 이 결의에 따랐습니다. 맥아더 장군이 유엔군 총사령관으로 임명되었고 미국을 비롯한 영국·오스트레일리아·뉴질랜드·프랑스·캐나다·남아프리카공화국·터키·타이·그리스·네덜란드·콜롬비아·에디오피아·필리핀·벨기에·룩셈부르크 등 16개국이 육·해·공군의 병력과 장비를 지원하였습니다. 이외의 많은 나라들도 각종의 경제적·인도적 지원을 제공하였습니다.

1950년 9월 16일 맥아더장군의 인천상륙 작전을 전환점으로하여 전세를 반전시킨 유엔군은 후퇴하는 북한군을 추격하여 10월에는 평양을 수복하고 압록강과 두만강까지 진격하기에 이르렀습니다. 그러나 중공군의 개입으로 12월에는 북한 지역에서 철수하게 되었고, 38선이 돌파된 후인 1951년 1월 4일 대한민국 정부는 다시 서울에서 철수하게 되었습니다..

1951년 2월 1일 유엔 총회는 중공을 침략자로 규탄하고 한반도에서의 중공군의 즉각적인 철수를 요구하는 결의를 채택하였습니다. 앞서 진행된 1950년 6월 25일의 결의와 6월 27일의 결의에 소련은 결석했으며, 공산측은 결석을 거부권 행사라고 주장하여 앞의 결의는 무효라고 주장을 폈습니다. 그러나 UN의 관행상 결석은 거부권 행사로 볼 수 없기 때문에 그들의 주장은 받아들여지지 않았습니다.

국제연합(United Nations)이란?

1945년 10월 24일 전쟁을 막고 평화를 유지하기 위해, 정치·경제·사회·문화 등 모든 분야에서 국제협력을 증진하고자 설립된 국제기구입니다.

평화유지 활동, 군비축소 활동, 국제협력 활동이 주요 활동이며 가입국가는 188개국(2000년)입니다.

1946년 붕괴된 국제연맹을 계승한 것으로 유엔(UN:United Nations)이라고도 합니다. 이 명칭은 미국 대통령 프랭클린 루스벨트(Franklin Delano Roosevelt)가 고안한 것이며, 제1차 세계대전 중 26개국 대표가 모여 추축국에 대항하여 계속 싸울 것을 결의하였던 1942년의 '연합국 선언'에서 처음 사용했습니다.

1945년 샌프란시스코에서 개최된 '국제기구에 관한 연합국 회의'에 참석한 50개국 대표는 1944년 덤바턴오크스에서 회합한 미국·영국·중국·소련 등 4개국 대표가 합의한 초안을 기초로 국제연합헌장을 작성하였습니다. 50개국 대표는 1945년 6월 26일 국제연합헌장에 서명했으며, 폴란드가 나중에 서명하였습니다.

국제연합은 미국·영국·프랑스·중국·소련과 다른 서명한 나라 과반수가 국제연합헌장을 비준하며 1945년 10월 24일 공식 출범하였으며, 이후 매년 10월 24일을 국제연합의 날로 기념하고 있습니다. 본부는 미국 뉴욕시에 있습니다.

전문기구로는 ILO(국제노동기구)·FAO(국제연합식량농업기구)·UNESCO(국제연합교육과학문화기구)·WHO(세계보건기구)·IMF(국제통화기금)·IBRD(국제부흥개발은행)·IFC(국제금융공사)·IDA(국제개발협회)·ICAO(국제민간항공기구)·UPU(만국우편연합)·IMO(국제해사기구)·WMO(세계기상기구)·ITU(국제전기통신연합)·WIPO(세계지적소유권기구)·IFAD(국제농업개발기금)·UNIDO(국제연합공업개발기구)가 있으며, 전문기구는 아니지만 실질적 전문기구인 IAE 보조기구로는 국제연합개발계획·국제연합환경계획 · 국제연합난민고등판무관 · 국제연합인권 고등판무관 · PKO(평화유지활동) 등이 있습니다.

2001년에는 현 국제연합 사무총장 아난과 공동으로 세계평화에 기여한 공로가 인정되어 노벨평화상을 받았습니다.

1971년 중화인민공화국이 중화민국을 국제연합에서 축출하고, 가입과 동시에 안전보장이사회의 상임이사국이 되었습니다. 1973년 서독과 동독이 동시에 가입하였고, 1977년 통일베트남이 가입하였습니다. 1990년 독일의 통일로 동·서독은 단일 회원국이 되었습니다. 1991년 9월 17일 제46차 총회 때 한국과 북한(조선민주주의인민공화국)을 포함한 7개국이 추가로 가입하였습니다. 1965년 인도네시아가 말레이시아의 안전보장이사회 이사국 선출에 항의하여 탈퇴했다가 이듬해 복귀하였습니다. 2000년 현재 188개 국이 가입해 있습니다.

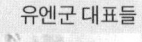

유엔군 대표들

4

전쟁이 끝난 게 아닌가요?

　1950년 가을 유엔군의 북진으로 통일이 이루어질 것이라는 기대를 갖게 되었지만 11월 중공군의 개입이 시작되면서 아군은 다시 후퇴해야 했습니다. 이에 유엔 총회는 전투의 확대를 막기 위해 12월 14일 '정전 3인단'을 설치할 것을 결의하였으며, 캐나다의 L. 페르슨, 이란의 N. 엔테잠, 인도의 B. 라우가 임원으로 선출되었습니다. 이들 3인단의 임무는 한국에서 만족할 만한 정전의 기초를 결정하고 이를 총회에 권고하는 것이었습니다. 그러나 3인단은 중공대표와의 회담·교섭에 완전히 실패했으며, 이어 1951년 1월 1일에 중공과 북한의 대규모공세가 시작되었습니다.

　이에 따라 1951년 2월 1일 총회는 미국의 제안에 따라 '평화를 위한 단결' 결의에 의거 중공은 한국의 침략자라는 결의를 채택했습니다. 같은 해 5월 18일에는 동 결의 제6항에 의거 부과된 '집단적 조치위원회'의 보고에 따라 중공과 북한에 대한 전쟁물자의 공급 중지를 가맹국에 권고하는 결의를 채택하였습니다.

  그런가 하면 6월 23일의 유엔 주재 소련대표 Y. A. 말리크의 성명을 통하여 침략군이 전투행위를 중지하기를 원하고 있다는 사실을 알게 되었습니다. 이에 유엔군사령부는 공산군사령부와 직접적인 연락을 취하고, 7월 초에는 휴전회담 개시를 위

한겨울에 참전한 중공군들

한 준비를 마쳤습니다.

1951년 6월 30일 리지웨이 장군은 라디오 방송을 통하여 원산항에 있는 네덜란드 병원선에서의 회담을 제안했습니다. 중공군도 1·2차 춘계공세를 통하여 한반도에서 무력으로 유엔군을 격파할 수 없다는 사실을 인식하고 회담을 하겠다는 뜻을 밝혔습니다.

따라서 1951년 7월 8일 개성에서 휴전회담을 위한 서로의 연락장교회담이 열려 양쪽의 정부대표 명단이 교환되었습니다. 본회담 개최 장소를 개성으로 결정하고 곧 본회담을 시작하였으며, 10월에는 회담 장소를 판문점으로 옮겼습니다. 그러나 전쟁과 관련된 다양한 문제들에 대한 논의들이 쉽게 합의점을 찾지 못해 회담은 장기화되었습니다. 그 중에서도 특히 전쟁포로의 자유의사에 의한 송환 원칙에 대해 공산군측은 성실하게 교섭하지 않으려는 비타협적 태도를 보였고 이에 유엔군 사령부는 두 차례에 걸쳐 약 9개월 동안이나 회담을 중지하기도 했습니다.

유엔 총회는 1952년 12월 3일이 되어서야 다시 자유의사에 의한 송환 원칙을 재확인하고 전쟁포로 문제 해결을 위한 총괄적 계획을 제안하였습니다. 하지만 공산측은 이를 거부하며 안을 지연시키려 했으나 결국은 실패하였습니다. 이듬해인 1953년 7월 27일 드디어 판문점에서 유엔군 사령관과 공산군(북한군과 중공군) 사령관 간에 휴전이 조인되었습니다. 이것이 바로 휴전협정으로 한국 군사정전에 관한 협정입니다.

　휴전협정은 6·25전쟁의 정지, 평화적 해결이 이루어질 때까지 한국에서의 적대행위와 모든 무장행동의 완전한 정지를 약속했습니다. 또 서로간의 비무장지대, 38선의 약간 이북을 대부분 통과하는 군사경계선 및 증강을 목적으로 한 군대와 장비의 한국 도입 금지에 관하여 규정하였습니다.

　이 협정으로 남북한 사이에는 비무장지대와 군사분계선이 설치되었고 국제연합군과 공산군 장교로 구성되는 군사정전위원회 본부가 판문점에 설치되었습니다. 또 스위스·스웨덴·체코슬로바키아·폴란드로 구성된 중립국 감시위원단이

1953년 7월 휴전협정을 맺기 위해 열린 판문점회담

설치되었습니다.

휴전협정에는 정치문제 해결에 관한 조항이 없으나, 제60항은 휴전협정 조인 및 효력 발생 후 3개월 이내에 한국 내에 있는 외국군 철수 문제와 한국 문제의 평화적 해결 등을 교섭에 의하여 해결하기 위하여 양측의 관계정부가 각각 임명하는 고위층 대표간의 정치회담을 개최할 것을 양측의 우방관계국 정부에게 권고하도록 하였습니다.

1991년 3월에는 한국군 장성이 군사정전위원회 수석대표로 임명되었지만 이듬해 4월과 12월에 북한과 중국이 각각 군사정전위원회에서 철수하면서 협정 조항은 유명무실해졌습니다. 이에 따라 남북한은 물론, 미국 등 이해 당사국 사이에 정전협정 대신 평화협정을 체결해야 한다는 공감대가 형성되어 1997년 스위스 제네바에서 교전 당사국인 남북한과 미국·중국 대표들이 모여 4자회담을 열었으나 이 또한 성과는 없었습니다.

북한은 이보다 앞서 1974년부터 평화협정 체결을 주장하였으나 정전협정에 한국이 아닌 국제연합군 사령관인 미국인이 서명했으므로 평화협정 역시 정전협정 당사국인 미국과 체결해야 한다는 주장을 계속해오고 있습니다.

휴전협정이 체결된 후 2004년 지금까지 50여 년이 되도록 이 협정 체제는 계속 유지되고 있지만 국제 관례상 정전협정이 이토록 오랫동안 지속되고 있는 경우는 한반도 뿐입니다.

제3부
치열했던 전쟁 현장

1 맥아더의 인천상륙작전

맥아더 장군의 인천 상륙작전은 6·25 전쟁 당시 서울을 수복하고 연합군과 아군이 북진할 수 있는 결정적인 길을 터준 매우 성공적인 전투작전으로 평가받고 있습니다.

6·25전쟁이 일어나자 국제연합군(UN군) 최고사령관으로 부임해온 맥아더 장군은 뛰어난 통찰력, 직관력, 경험, 판단력 그리고 설득력으로 북한군을 저지시켰고 치밀한 작전개념과 상황평가로 주도권을 장악하여 실지를 회복시킨 6·25 전쟁의 영웅으로 통합니다.

미군 내에서 그는 전투 상황시 현 사태와 미래를 머리 속에 시각화시키며 다른 지휘관들에게 그의 작전계획에 대한 확신과 동기를 부여해 줌으로써 위대한 지휘관으로 존경받고 있습

인천상륙작전을 지휘하는
맥아더 장군의 모습

끝없는 피난민들의 행렬

니다.

  인천상륙작전은 낙동강 전선에서 총반격을 시작한 것과 때를 같이하여 전개되었습니다. 미제1해병사단과 제7사단으로 이루어진 제10군단 및 5,000명에 달하는 한국해병대는 드디어 9월 15일 새벽 인천의 월미도에 기습상륙 하였습니다. 그리고 그 다음날에는 인천을 함락시켰습니다. 미해병대와 한국군은 서울을 되찾을 목적으로 동쪽으로 진격하였고, 미제7사단은 남진하여 북상하는 유엔군과 오산에서 합류함으로써 북한군의 허리를 끊어 남북으로 절단시켰습니다.

이로써 인천에 상륙한 유엔군은 9월 28일 서울을 수복하였습니다. 수도서울을 탈환한 유엔군은 동해안과 서해안을 따라 38선에 가깝게 계속 북상하였습니다. 인천상륙작전의 성공을 계기로 전세는 완전히 뒤집혔습니다.

이는 그의 탁월한 전투지휘 기법에서 비롯되었습니다. 맥아더 장군은 직관력과 경험으로 북한군의 취약 지역인 측후방을 동시에 공격해야 한다고 생각했습니다. 맥아더 장군의 전투철학은 간단하면서도 직선적이었습니다. 병력의 규모에 상관없이 시기와 장소를 가리지 말고 전투에 임해야 하며 이것이 승리를 쟁취하기 위한 유일한 방법이라는 것이 그의 지론이었습니다.

그러나 맥아더 장군의 인천상륙작전은 처음부터 쉽지 않았습니다. 무엇보다도 미군 내에서 이를 반대하는 사람들이 많았던 것입니다. 그가 인천상륙작전을 계획한 후 8월 23일 한국의 운명을 결정할 전략계획회의를 가졌습니다.

콜린스(Collins) 장군과 해군 작전부장인 셔만(Sherman)이 도착했을 때, 맥아더 장군은 그들이 인천상륙작전을 저지시키기 위해 온 것임을 알고 있었습니다. 그들이 맥아더 장군의 의견을 받아들이지 않을 경우 9월 15일에 계획된 공격계획은 수포로 돌아가게 되는 상황이었습니다.

맥아더 장군에게 있어서는 마지막 기회였습니다.

한국전쟁의 영웅 '맥아더(MacArthur, Douglas)'

더글러스 맥아더(1880.1.26~1964.4.5)는 아칸소주의 리틀록에서 출생했습니다. 미국-스페인 전쟁에서 무공을 세운 군인 A.맥아더의 아들로서 1903년 웨스트포인트사관학교를 수석으로 졸업한 후 육군에 근무하여 1930년대장으로 승진하였습니다.

군에서는 극동통으로 알려졌고, 1936년 필리핀군의 고문으로 근무하다가 1937년 퇴역하였습니다. 그후 대일관계가 긴박하였던 1941년 7월 현역에 복귀하여 미국 극동군사령관으로 필리핀에서 근무하다가 제2차세계대전을 맞이하였습니다.

1942년 초 일본군의 공격으로 마닐라를 빼앗기고 오스트레일리아로 이동, 연합군 남서태평양 방면 사령관으로서 대일작전을 지휘하였으며 그해 가을부터 뉴기니작전을 비롯하여 반격작전을 전개, 1945년 7월에는 필리핀을 완전히 탈환하고, 이어 8월에 일본을 항복시키고 일본점령군 최고사령관이 되었습니다.

1950년 6·25전쟁이 일어나자 국제연합군(UN군) 최고사령관으로 부임하여 인천상륙작전을 지휘, 전세를 역전시켜 적을 한반도 국경까지 몰아내는 데 성공하였습니다. 그러나 중국군의 개입으로 다시 후퇴를 하게 되자 그는 만주폭격과 중국연안봉쇄, 대만의 국부군 사용 등을 주장하였고, 이로 인해 트루먼 대통령과의 대립으로 1951년 4월 사령관의 지위에서 해임되었습니다. 그는 '노병은 죽지 않고, 사라질 뿐이다' 라는 유명한 말을 남겼습니다.

인천상륙작전을 개시한 유엔군들

　당시 작전 비평가들은 인천상륙작전에 관하여 항로가 좁고 조수가 적절치 못하며 해변의 상태가 좋지 않다는 것을 이유로 들며 반대하였습니다. 인천과 미 8군간의 거리가 너무 멀고 군산이 인천보다 지형적 조건으로 적합하다는 등 많은 문제점을 제시했습니다.

　맥아더 장군은 이에 반박론을 폈습니다. 엄청난 적들이 워커(Walker)의 방어 돌출부로 투입되고 있는 것으로 보아 북한군이 인천 방어를 제대로 준비하지 못했을 걸로 확신합니다. 기습공격은 곧 전쟁을 성공으로 이끄는 필수 기본요소라고 주장했습니다. 또 그는 태평양에서의 수많은 해군 상륙 경험에 의하면, 이것과 비슷한 어려움은 있었으나 작전수행에는 큰 지장이 없었다고 밝히면서 군산상륙작전 제안은 물론 인천처럼 많은 위험요소들을 갖고 있지는 않지만, 비효율적이며 승패의 결말을 내기 힘든 전투가 될 것이라고 했습니다. 따라서 북한군의 취약점이 병참선임을 알고 서울을 장악해 북한군의 병참체계를 완전히 마비시킬 계획임을 설명했습니다.

이런 맥아더 장군의 자신감 넘치고 설득력 있는 발언은 듣는 이들로부터 많은 공감을 얻어냈습니다. 맥아더 장군은 장군들과 해군제독들의 통찰력 부족을 비난하고 비웃을 수도 있었지만, 다행히도 그러한 일은 없었습니다. 맥아더 장군은 지상군의 입장을 이해하며 그들의 대량희생을 막으려 했습니다.

인천상륙작전에 대한 맥아더 장군의 자신감은 대단했습니다. 그는 이 작전 결과에 그의 군 명예를 걸었다고 합니다. 8월

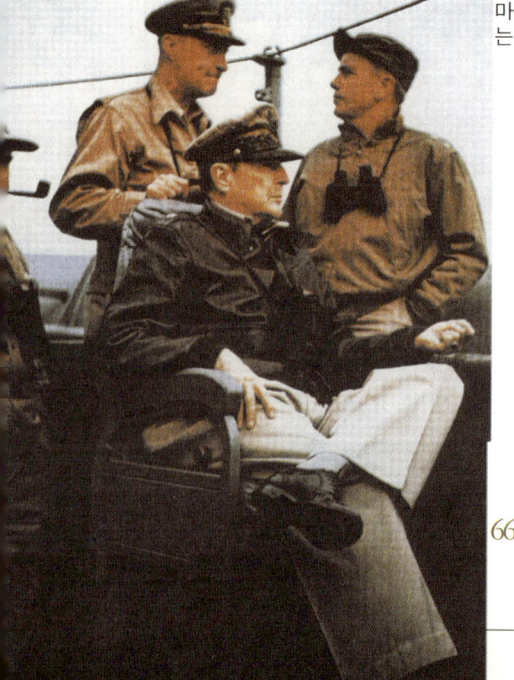

마운트 맥킨리 호에서 인천상륙작전을 지휘하고 있는 맥아더 장군

29일 합동참모부(JCS)는 이 같은 맥아더 장군의 계획을 승인했습니다.

부산 교두보를 보호하고 인천에 충분한 병력을 투입하기 위해 우선순위를 결정하고 자원을 할당하는 맥아더 장군의 판단력은 매우 중요했습니다. 그는 공격수행을 위해 필요로 하는 부대에 재임무를 부여했습니다. 일본에 주둔하고 있던 제7보병사단은 제2보병사단을 대신해 한국에 투입될 예정이었습니다. 제2보병사단은 여전히 북한의 공격에 대항해 부산교두보에서 치열하게 교전중이었습니다. 맥아더 장군은 제5해병전투단을 교전지역에서 철수시키고 제1해병사단 잔류부대와 합류해 공격에 임하게 했습니다. 부산 해안지역에서 동떨어진 제7보병사단 전투단은 제5해병전투단의 부족함을 메워 신속히 적에 대응하도록 배치되었습니다. 만약 제7보병사단 전투단이 부산 교두보에서 불필요할 경우엔 제7보병사단 전투단은 제일 마지막으로 인천에 상륙하는 부대가 되는 것이었습니다.

결국 1950년 9월 15일, 맥아더 장군은 인천상륙작전을 성공적으로 이끌어냈습니다. 작전 시간과 장소를 결정할 때 그가 보여준 명확한 판단과 결정적인 일격을 가하는데 합동군을 통합하는 그의 리더십은 지휘관으로서의 뛰어난 능력을 보여주었습니다.

맥아더장군의 명언

"기습이야말로 전쟁에서 승리하는 가장 긴요한 요소이다."

"노병은 결코 죽지 않는다. 다만 사라질 뿐이다."

"마지막까지 결코 무시할 수 없는 것이 용기이다. 그것은 도덕적인 용기, 확신을 갖는 용기, 꿰뚫어 보는 용기이다. 세상은 항상 용기있는 사람을 모함하려 하고 있다. 그러나 군중의 고함에 맞서는 양심의 목소리가 있다. 그것은 역사만큼 오랜 싸움이다. 어떠한 일이 있어도 용기를 잃어서는 안 된다. 용기는 역사를 이끌어간다."

"인천 상륙작전이 5,000 대 1의 도박이라는 걸 알지만 나는 그런 모험에 익숙해 있습니다. 우리는 인천에 상륙할 것이며 적을 분쇄할 것입니다."

2 치열했던 낙동강 전투

　한국전쟁에서 낙동강 방어 전투는 그 어느 전투보다도 치열했고 의미 또한 컸습니다. 낙동강 전투는 6·25전쟁 중 형성된 낙동강 방어선 일대에서 아군이 1950년 8월 4일 새벽1시를 기해 전개한 방어전투입니다.

　기습적인 불법남침을 시작한 공산군은 남진을 계속하여 7월 말에 이르러서는 낙동강을 도하하여 대구와 부산을 잇는 아군의 대동맥을 끊으려고 압박을 가하여 왔습니다. 이에 미8군 사령관 워커 장군은 북한군의 공격에 대한 최후의 방어선으로서, 낙동강과 그 상류 동북부의 산악지대를 잇는 천연장애물을 이용한 방어선을 구축하여 이를 사수하기로 하였습니다. 이 방어선을 워커라인이라고도 부릅니다.

8월 4일 새벽 1시를 기해 형성된 낙동강 방어선은 남북 160km, 동서 80km의 타원형을 이루었는데, 낙동강 일대의 방어는 주로 미군이, 동북부 산악지대의 방어는 남한군이 담당하였습니다. 한편, 북한군은 수안보에 전선사령부를 두고, 미군 정면에 제1군단, 국군 정면에 제2군단을 배치하여 이른바 '8월 공세(1950. 8. 4~8. 25)'와 '9월 공세(1950. 9. 1~9. 15)'의 두 번에 걸친 대대적인 공격을 감행해왔습니다. 그리하여 대구방어전투·영천전투·동해안지구전투 등 많은 공방전이 전개되어 지역에 따라서는 방어선을 돌파 당할 뻔한 위기를 맞기도 하였습니다. 그러나 아군은 내선작전의 이점과 제공·제해권의 우위를 최대한 활용하여 북한국을 격퇴하였으며, 9월 15일의 인천상륙작전 개시와 더불어 다음날부터 총반격을 시작하였습니다.

  낙동강 방어선전투는 북한군이 전쟁을 조기에 종결하여 남한 전체를 점령하려는 의도에서 전병력을 집중하였던 전투였던 만큼 이 전투에서 아군이 방어에 성공함으로써 북한군의 전력을 크게 약화시켰습니다. 이는 아군의 인천상륙작전을 간접적으로 지원하는 효과를 거둠으로써 전쟁의 주도권을 장악하게 되는 계기가 되기도 했습니다.

  북한군은 낙동강 방어선전투에서의 실패로 인해 권력층 내부 분열이 조성되기 시작해 북한군의 작전수행에 직·간접적으로 상당한 차질을 초래하게 된 것으로 전해집니다.

한편 이 전투에서는 소년지원병들의 역할이 컸던 것으로 알려집니다. 소년지원병이란 6·25전쟁 당시 구국의 일념으로 최후의 보루였던 낙동강 방어선전투에 참가하기 위하여 전쟁터로 달려가 죽음을 두려워하지 않고 나라를 지켰던 호국의 어린 용사들을 말합니다.

나이가 14세에서 17세 이내로 병역의무가 없는 소년들이지만 나라를 지키겠다는 애국충정으로 자진 입대하여 3일내지 1주일간의 아주 짧은 기간에 총쏘는 요령만 교육을 받고 최전선에 배치되어 전투임무를 수행했습니다. 전쟁 당시 전투에 참가했던 소년지원병들은 총 3,000여 명으로 추산되며 이들 중 82%인 2,400여 명 전사한 것으로 알려집니다. 군번도 계급도 없이 전선으로 달려간 소년지원병들은 훈련도 받지 못한 상태

학도병이란?

6·25전쟁 때 학생 신분으로 참전한 의용병을 학도의용병이라고도 합니다. 학도의용군이 처음 만들어진 것은 피난중이던 서울시내 학생 200여 명이 수원에 모여 '비상학도대'를 조직하면서부터입니다. 중학생에서 대학생에 이르기까지 학도병들은 이 전쟁 전 기간을 통하여 2만 7,700여 명에 이르렀고, 후방 또는 수복 지역에서 선무활동에 참여한 학생들은 20만 명이나 되었습니다. 그밖에 꽤 많은 수 여학생들이 간호사로 활동하였습니다. 학도병들은 정규 장비와 보급도 없이 '군번 없는 병사'로서 전투에 참가했는데, 특히 낙동강 방어선의 최대 요충이던 포항에서 뛰어난 전과를 올렸습니다. 또한 재일교포 학생들도 유엔군에 편입해 참전하였습니다. 1951년 3월 16일 정부의 복교령에 의해 강원도 홍천에서 군복을 벗게 되었으나 현지 입대하는 수도 있었는데, 합당한 계급과 군번을 받고 계속 참전하였습니다.

에서 바로 전선에 투입되었기 때문에 그 희생은 클 수밖에 없었던 것으로 전해집니다.

소년지원병은 18세 이상의 동원령에 의해 소집된 학도병과 같이 최전선에 병력 보충요원으로서 치열한 전투에 참석하였으며 수색중대, 특공대 요원으로 편성되어 전투에 참가하였습니다.

이들의 주요 참전 지역은 다부동 전투, 신령 전투, 영천 전투, 가산-팔공산, 안강·기계 전투, 포항 전투, 마산서부지역 전투였습니다.

또한 반격 작전시는 한·중 국경선까지 진출하였다가 철수하였습니다. 이들은 대부분 현역으로 신분이 바뀌어 한국전쟁이 끝날 때까지 각종 전투에 참가하였는데 특히 낙동강 방어작전시 가장 치열한 격전지이었던 다부동 전투에서 많은 기여를 한 것으로 밝혀졌습니다.

다부동 전투를 책임지고 있는 국군 제1사단이 북한군 3개 사단의 공격을 받고 많은 인명 피해를 입게 되자 소년지원병들은 스스로 지원하여 전선으로 달려가 사단 수색중대 및 예하 3개 연대의 특공대와 수색대에 주로 배치되어 전선에 투입되었습니다.

제1사단 내에서 소년지원병이 많이 편성된 부대로는 제11연대 제3대대와 제15연대의 특공대로 연대 주 방어지역인 328고지가 적의 손에 들어가자 후방으로 침투하여 다시 탈취하는데 결정적인 역할을 하였다고 합니다. 전투가 가장 치열했던 유학산 탈환 적전시에는 아군이 막대한 피해를 입게 되자, 정상적인 병력 보충이 어려운 위기 상황에서 소년지원병들은 스스로 사선으로 달려가 죽음으로 맞섬으로써 다부동 전투를 승리로 이끄는데 중요한 역할을 한 것입니다. 또한 제11연대 제1대대가 유학산 탈취시 막대한 병력 손실을 입고 계속적인 공격을 불가능하게 되었을 때, 생각지도 않았던 수백 명의 소년지원병 덕분에 고지를 점령할 수 있었다고 합니다.

필승을 다짐하며 학도병들이 맹세했던 학도병국기

주요 전적지(塔.碑)현황

육군(32)			
강릉지구포병전공비	강릉시사천	파 로 호 전적비	화천군간동
백마고지전적기념관	철원군대마	피의능선전투전적비	양구군동면
저격능선전투전적비	철원군김화	인제지구전투전적비	인제군인제
금성지구전투전적비	화천군상서	안강지구 전승비	경주시강동
양 구 전 투 위 령 비	양구군방산	영천지구 전적비	연천시교혼
육탄10용사 충용탑	파주시파주	다부동.전적 기념관	칠곡군가산
설 마 리 전 투 비	파주시적성		
가평지구 전투전적비	가평군가평	해군(10)	
지평리지구전투전적비	양평군지제	대 한 해 협 전 승 비	부산시중구
설악산 지구 전적비	속초시설악	해군 영흥도 전적비	인천시옹진
4·25 고 지 전적비	철원군원남	해군옥계지구전적비	동해시망상
펀치볼지구전투전적비	양구군동면	도솔산 지 구 전적비	양구군동면
백석산 지구 전적비	양구군방산	한·미 해 병 충혼탑	포항시송라
향로봉지구전투전적비	고성군간성	해 병 혼 탑	제주일도
351고지 전투 전적비	고성군현내	해병대김포지구전적비	김포군월곶
화령장 지구 전적비	상주시화령	진동비지구해병전적비	마산시진복
854 고 지 전 적 비	인제GOP지역	군산·장항·이리 지구 전적비	군산시신흥
서 북 산 전 적 비	함안군여향	해병대북한강지구 전적비	남양주시양정
육 탄 용 사전적비	홍천군화촌	공군(6)	
대성산지구 전적비	철원군금남	강릉지구전적비	강릉시경포대
사 창 리 전 적 비	철원군금남	헬스대령기념비	대구시동구
삼천봉지구 전적비	철원군금남	고 이근석장군동산	대구시동구
충 혼 탑	연천군군남	강릉기지전공탑	강릉시학동
용문산지구전투전적비	양평군용문	임택순대위동상	청원군남익
원주지구전투전적비	원주시태장	충 령 비	사천시용현
홍천지구전투전적비	홍천군홍천		

어느 학도병의 글

1950년 8월 10일 목요일 쾌청

어머니, 나는 사람을 죽였습니다. 그것도 돌담 하나를 사이에 두고 10여 명은 될 것입니다.
나는 4명의 특공대원과 함께 수류탄이라는 무서운 폭발 무기를 던져 일순간에 죽이고 말았습니다. 수류탄의 폭음은 나의 고막을 찢어 버렸습니다.
지금 이 글을 쓰고 있는 순간에도 귓속에는 무서운 굉음으로 가득 차 있습니다.
적은 다리가 떨어져 나가고 팔이 떨어져 나갔습니다. 너무나 가혹한 죽음이었습니다.
아무리 적이지만 그들도 사람이라고 생각하니 더욱이 같은 언어와 같은 피를 나눈 동족이라고 생각하니 가슴이 답답하고 무겁습니다.
어머니, 전쟁은 왜 해야 하나요?
이 복잡하고 괴로운 심정을 어머님께 알려드려야 내 마음이 가라앉을 것 같습니다.
저는 무서운 생각이 듭니다. 지금 내 옆에서는 수많은 학우들이 죽음을 기다리는 듯 적이 덤벼들 것을 기다리며 뜨거운 햇빛 아래 엎드려 있습니다.
적은 침묵을 지키고 있습니다. 언제 다시 덤벼들지 모릅니다.
적병은 너무나 많습니다. 우리는 겨우 71명입니다.
이제 어떻게 될 것인가를 생각하면 무섭습니다.
어머니, 어서 전쟁이 끝나고 어머니 품에 안기고 싶습니다.
어제 저는 내복을 손수 빨아 입었습니다.
물내 나는 청결한 내복을 입으면서 저는 두 가지 생각을 했습니다.
어머님이 빨아 주시던 백옥 같은 내복과 내가 빨아 입은 내복을 말입니다.
그런데 저는 청결한 내복을 갈아입으며 왜 壽衣(수의)를 생각해 냈는지 모릅니다.
죽은 사람에게 갈아입히는 壽衣 말입니다.
어머니, 어쩌면 제가 오늘 죽을지도 모릅니다.
저 많은 적들이 그냥 물러갈 것 같지는 않으니까 말입니다.
어머니, 죽음이 무서운 게 아니라, 어머님도 형제들도 못 만난다고 생각하니 무서워지는 것입니다. 하지만 저는 살아가겠습니다. 꼭 살아서 가겠습니다.
어머니, 이제 겨우 마음이 안정이 되는군요.
어머니, 저는 꼭 살아서 다시 어머님 곁으로 가겠습니다.
상추쌈이 먹고 싶습니다.
찬 옹달샘에서 이가 시리도록 차가운 냉수를 한없이 들이키고 싶습니다.
아! 놈들이 다가오고 있습니다. 다시 또 쓰겠습니다.
어머니 안녕! 안녕!
아, 안녕은 아닙니다. 다시 쓸 테니까요.

-1950년 8월 포항 전투 당시 어느 학도병의 수첩에서-

3 통일의 꿈을 뒤엎은 1·4후퇴

　1962년 유현목 감독이 만든 영화 '아낌없이 주련다' (이민자, 신성일, 허장강 출연)는 1·4후퇴 당시의 항도 부산을 배경으로 미망인 바(bar) 마담과 그 바의 관리인인 20대 청년 사이의 불 같은 사랑을 다루고 있습니다. 청년과 미망인은 서로 사랑했지만 미망인은 악당인 정부로부터 벗어날 수 없었습니다. 그러다 미망인은 결국 병으로 쓰러진 채 청년의 비통한 오열 속에 숨을 거둡니다.

　전쟁을 경험한 세대들은 6·25전쟁에서 1·4후퇴를 기억합니다. 전쟁이 일어난 지 3개월이 지난 1950년 9월 29일 서울이 수복되어 환도식이 거행되었고 10월 4일부터는 서울시내 각 동사무소가 문을 열었으며 같은 달 19일에는 한강 임시가교

의 준공식도 거행되었습니다. 그후 10월 중순이 넘어서자 한국군과 미 육군은 평양을 완전 점령했고, 11월 중순에는 미 제7사단 선발대가 만주와의 국경에 있는 혜산진을 점령했습니다. 그 날은 11월 21일로 서울·평양간 전화도 개통되었습니다.

이에 국민들은 하나같이 10일 후, 아니면 2주일 내에는 한반도의 완전통일이 이루어질 것이라고 믿고 있었고 전쟁은 이제 끝이 났다는 생각으로 기뻐했습니다. 그 누구도 50만에 달하는 중공군이 이미 한·미 양군의 후방까지 침투해 있는 줄은 알지 못했던 것입니다. 그리고 운명의 날이 다가왔습니다.

1950년 11월 25일 정오. 눈처럼 산에 엎드린 50만 중공군의 인해전술이 시작되었습니다. 이로 인해 12월 1일 영하 30도를 오르내리는 혹한 속에 한·미 양군에 대한 전면 후퇴 명령이 내려졌습니다.

중공군의 내려오자 유엔군의 전면 후퇴가 시작되었고. 1월 3일 아침에는 유엔군 모든 병력이 한강도강을 거쳐 수원 - 양평선 진지로의 철수가 시작됐습니다. 서울마저 안전하지 못하게

인해전술이란?

무기와 지형이 불리할 때 병사의 숫자로 대신하는 전술입니다. 엄청나게 많은 숫자의 병사들을 동원하여 적을 공격하는 전술로, 공격부대는 죽을 각오를 하고 몇 번이고 돌격을 감행하여, 방어부대를 제압하는 전술입니다. 러·일전쟁 때 뤼순공방전에서 일본군이 이 전술을 사용했으며, 중국의 항일전과 한국전쟁 때 중공군이 사용한 전술로 알려져 있습니다. 한국전쟁 때 중공군은 꽹과리를 울리며 물밀듯이 중공군이 몰려 내려왔는데, 인해전술이란 사람이 바다를 이루듯이 밀어붙이는 전술을 말합니다.

한겨울의 압록강을 건너는 중공군들

된 것입니다. 이에 서울 사람 중 80만여 명이 대구와 부산으로 또다시 피난을 시작했습니다. 이것이 바로 1·4후퇴였습니다.

사람들은 한강을 건너 피난길에 올랐는데 이때 한강은 얼어 있었으나 살얼음이 언 곳을 잘못 디뎌 물에 빠져 허우적대는 피난민들이 한둘이 아니었다고 합니다. 그러나 남의 사정 봐줄 만한 시간이 아니었기에 죽어가는 사람들의 '살려달라'는 소리를 외면해야 했을 만큼 전쟁은 비극 그 자체였습니다.

1951년 1월 4일부터 서울이 완전하게 한국정부와 UN군의 지휘 아래 장악되는 5월 중순까지의 서울은 죽음의 도시였습니다. 1·4후퇴 당시 한강 이북의 서울에 남아 있던 인구 수는 약 13만 명 정도로 대부분 힘없는 노인들이었습니다. 추운 겨울이었으니 먹을 것과 땔감 확보를 위해 빈 집을 털기가 일수였다고 전해집니다. 중공군과 인민군 역시 보급선이 끊어져 굶주리고 혹한에 떨다가 빈 집 털이에 나서기도 했습니다.

박완서의 자전적 소설인 『그 산이 정말 거기 있었을까』는 당시 박작가가 서울에서 3개월 동안 생활하면서 실제 보고 느낀 것들을 상세하게 보여줍니다.

이때 서울은 건물만 앙상하게 남았을 뿐 집과 건물들은 엉망이었습니다. 가재도구, 요, 이불 같은 침구류와 장롱 속의 의류는 남아 있는 민간인과 공산군들이 대부분 가져갔습니다. 신문방송은 물론이고 사람도 많지 않아 어떤 정보도 얻을 수가 없었습니다. 따라서 당시 서울은 암흑의 도시 죽은 도시였습니다.

그러나 2월이 지나면서 식량 보급이 끊긴 중공군과 인민군들은 다시 후퇴했고, 3월 14일 밤, 한국군 수색대가 서울시내로 잠입하여 시가지 일대를 수색했으나 적들은 없었고 이에 중앙청 옥상에 태극기를 달고 "만세"를 불렀다고 합니다.

한국전쟁 일어난 이후 네 번째의 주인 교대를 한 서울은 UN군이 1·4후퇴시 군사시설을 파괴하고 떠난데다 그후에도 포·폭격과 공산군의 파괴가 가해져서 시가지는 폐허가 되어 있었습니다.

제3부
치유할 수 없는 아픔 그 사연들

1 이산가족

　6·25전쟁은 이산가족을 대량 양산한 우리 민족의 20세기 최대의 사건이었습니다. 50년 12월 압록강변까지 진격했던 국군과 유엔군이 중국군의 공세로 후퇴할 당시 100만여 명의 북한 주민이 남한으로 내려왔다고 합니다. 이때는 대동강 철교를 넘은 피난민이 하루 5만 명이 넘었으며 배를 이용할 수 있는 흥남, 성진, 진남포 등지에서는 무려 20만 명이 배를 타고 내려온 것으로 전해집니다.

　전쟁터에 군인으로 나가 전사하거나 실종된 가족들도 많고 남한에서 살다가 피난길에 가족과 헤어진 이들도 있지만 50년 그해 겨울에는 많은 사람들이 남하하면서 이산가족들도 많이 발생한 것으로 추정됩니다. 이때 가족과 무사히 내려온 사람들이야 다행이지만 부모 형제 자매 중 일부만 내려온 가족은 하나같이 이산가족이 되고 말았습니다.

83년 서울 여의도 '만남의 광장'에 빼곡히 적힌 이산가족의 사연에서도 특히 이 당시 헤어진 사람이 많았음을 보여줍니다.

보통 이산가족은 크게 세 가지로 분류됩니다. 8·15 이후 38선을 경계로 가족, 친지의 왕래가 단절된 사람, 6·25전쟁으로 월남 또는 월북해 가족과 헤어진 사람, 국군포로. 및 납북자 등입니다.

그동안 여러 차례에 걸쳐 남북 이산가족 상봉이 있었고 83년 여의도광장에서는 이산가족 상봉 생방송과 함께 만남의 장이 마련되기도 했습니다. 하지만 아직도 생사조차 알 수 없어 애만 태우는 이산가족이 한둘이 아니거니와 북에 고향이 있는 실향민들은 조상의 산소라도 한번 찾아가 볼 수 있길 간절히 희망하면서 명절이면 임진각을 찾아가 북을 향해 차례를 지내곤 합니다.

이산가족 상봉 일지

- ▲1971년 8월 20일=남북적십자간 판문점 중립국 감독위 회의실에서 첫회담 개최
- ▲1972년 6월 16일=남북적십자 제20차 예비회담, 남북적십자 본회담 의제 5개항 교환
- ▲1972년 8월 29일=남북적십자 제1차 본회담
- ▲1972년 9월 12일=남북적십자 제2차 본회담, 7·4공동성명 정신 구현 합의
- ▲1985년 5월 27일=남북적십자 제8차 본회담, '이산가족 고향방문단 및 예술공연단' 교환 합의
- ▲1985년 9월 20일='이산가족 고향방문단 및 예술공연단' 교환 방문
- ▲1993년 3월 19일=이인모씨 북한 송환
- ▲1994년 8월 9일=국회 외무통일위, 이산가족 재회 관련 대북결의문 채택
- ▲1999년 6월 22일=이산가족문제 해결을 위한 베이징 남북 차관급 회담
- ▲2000년 3월 10일=김대중 대통령, '베를린 선언' 발표
- ▲2000년 6월 14일=김대중 대통령·김정일 국방위원장, 남북 이산가족 문제 해결을 포함한 5개항 합의
- ▲2000년 6월 27일=남북적십자회담, 8월 15일 남북 각 1백 명 이산가족 상봉 합의
- ▲2000년 7월 16일=이산가족 상봉 후보자 명단(각 2백 명) 교환
- ▲2000년 8월 8일=이산가족 방문단 최종 명단(각 1백 명)교환

2

상처받은 사람들

사연 하나
만났지만 옛 시절로 돌아가지 못하는 누나와 남동생

    1981년 여의도의 봄은 뜨거운 눈물로 뒤덮인 날들이었습니다. 6. 25 전쟁 이후 30여 년간 서로 생사조차 알지 못하고 있던 형제 자매 부모를 만난 사람들은 서로를 부둥켜 안고 역사의 아픔을 가슴으로 쓸어내려야 했습니다.
    경기도 김포가 고향이었던 이민상씨에게도 그해 봄은 아주 특별한 계절이었습니다. 어린시절 일찍 어머니가 돌아가시자

아버지는 새어머니를 맞이했습니다. 당시 새어머니는 전 남편과의 사이에 태어난 아들을 데리고 왔기에 열 살난 민상씨와 네 살이 더 많은 그의 누나 민자씨는 새어머니로부터 따뜻한 정을 느끼기는커녕 구박받는 어린시절을 보내야 했습니다. 민상씨는 그나마 장남이라는 이유로 초등학교에 다닐 수 있었지만 누나 민자씨는 중학교에 진학하고 싶었지만 새어머니는 돈이 없다는 이유로 학교도 보내주지 않고 공장에 다녀 돈을 벌어오도록 강요했습니다.

두 살 아래인 이복동생과 사소한 일로 말다툼을 하면 늘 민상씨만 새어머니로부터 매를 맞아야 했고 그럴 때마다 어린 두 남매는 서로를 부둥켜 안고 울면서 돌아가신 엄마 얼굴을 떠올리곤 했습니다.

민상씨에게 누나는 단지 누나 차원을 넘어서 엄마 같은 존재였습니다. 낮시간 동안 새어머니의 눈치를 살펴야 했던 민상씨는 저녁시간 누나가 오기만을 늘 기다렸고 집에 돌아온 누나는 민상씨의 공부도 지도해주고 주머니 속에 숨겨진 사탕을 꺼내주곤 했습니다. 그러나 남매의 애뜻한 정은 오래가지 못했습니다.

민상씨가 5학년 되던 초여름 6. 25전쟁은 일어났고 전쟁은 이들 남매를 갈라놓았습니다. 피난길에 나선 민상씨네 가족은 잠시 대전 부근의 한 마을에서 며칠 머물게 되었는데 하루는 아침에 눈을 떠 보니 다른 가족들은 없고 방안에는 민자씨 뿐이었습니다. 오갈 데도 없어진 두 남매의 딱한 사정을 안 마을 주막여자는 이들을 자신의 집에 데려가 잔심부름과 허드렛일을 시키면서 숙식을 해결해주었습니다. 그러나 두어 달쯤 지났을 무렵 누나 민자 역시 민성이 잠 든 틈을 타 어디론가 사라져 버리고 말았습니다.

사람들의 말로는 윗 동네 구장집 아들과 바람이 나 도망쳤다고 하기도 하고 또 어떤 사람들은 서울에서 내려와 한동안 주막에 머물렀던 대학생과 함께 떠났다고 했습니다.

전쟁이 끝나고 민상씨가 다시 김포 집으로 올라 왔을 때는 다른 사람들이 고향집에 살고 있었고 가족들에 대한 소식은 알 길이 없었습니다. 그 후로 민상씨는 서울로 올라와 작은 공장들을 전전하며 숙식을 해결했습니다.

부모 없는 설움 형제 없는 외로움 속에서도 열심히 일하면서 꿋꿋이 살아온 민상씨는 어른이 되어 결혼도 하고 딸 둘 아들 하나 낳아 키우며 단란한 가정을 꾸려나갔습니다. 하지만 늘 마음속에는 아버지와 누나에 대한 그리움이 남아있었습니다. 그러던 중 우연히 이복동생을 만나 아버지의 소식을 듣게 되었으나 그때는 이미 아버지가 돌아가신 후였습니다. 비록 아버지가 전쟁 통에 자신을 버리긴 했지만 세상에 한 분인 아버지를 미워할 수는 없었습니다. 장남이기에 아버지 제사도 모셔다 직접 지냈고 어렵게 사는 이복동생에게 쌀도 팔아주고 더러는 용돈도 주는 등 착한 마음씨를 지키며 살아왔습니다. 그나마 아버지 제사를 모셔왔으니 다행이라고 생각했지만 여전히 그의 가슴 한구석에서는 어린시절 곁에서 늘 엄마처럼 챙겨주던 누나에 대한 그리움이 점점 더해만 갔습니다.

그러던 중 이산가족찾기 프로그램을 텔레비전에서 보고 곧장 여의도로 달려가 누나를 찾기위해 며칠 밤낮을 기다린 끝에 급기야 그토록 그리워하던 누나를 만날 수 있었습니다. 두 사람은 서로 부둥켜안고 서로 얼굴을 부비며 30여 년간 쌓였던 그리움과 이산의 정을 눈물로 나누었습니다. 그런데 이게 왠일인가?

만남의 기쁨도 잠시였습니다. 누나는 민상씨네 집을 한번 다녀간 후로는 자신의 집에 초대하지도 않았고 연락도 주지 않았습니다. 민상씨는 며칠이 멀다하고 안부 전화를 했지만 그럴 때마다 누나는 반가워하는 기색이 없었습니다.

그간 오랫동안 떨어져 살았으니 그럴수도 있겠다 싶었습니다. 하지만 어느 날 갑자기 누나의 전화번호는 바뀌었고 누나를 만날 수 없었습니다. 이유는 당시 민상씨는 일용직 잡부로 일하면서 3남매와 방 두 칸 짜리 전세에 살고 있었으나 누나는 큰 부자가 되어 그와는 비교할 수 없을 만큼 상류층으로 살고 있었던 거였습니다. 때문에 민상씨는 못사는 자신이 누나에게는 부담스럽게 느껴졌을 거라는 것을 뒤늦게야 알게 되었습니다.

　오랜 세월이 흐른 동안 그 옛날 사탕을 주머니에서 꺼내주던 누나는 다른 사람이 되어 있었던 것이었습니다. 전쟁이 뭐길래 남매의 정마저 이처럼 냉정하게 앗아간 것일까? 안타까운 일이 아닐 수 없습니다.

　그토록 그리워했던 누나였건만 만남과 동시에 다시 이별로 이어졌다는 것은 민상씨의 가슴을 더욱 슬프게 하는 일이 아닐 수 없었습니다. 민상씨로서는 차라리 누나를 만나지 않은 것보다 못한 아픈 일이었습니다. 아니 누나를 이제는 미워하고 증오하게 된 것입니다. 아무리 서로의 경제적 수준이 차이가 난다 하여도 혈육의 정을 헌신짝처럼 버린 누나를 이해할 수 없는 일이었습니다.

　물질만능주의 사회로 치닫고 있는 현대사회의 단면이라고 치부하기에는 그 사연이 너무도 슬프고 어이없는 것이 아닐까요?

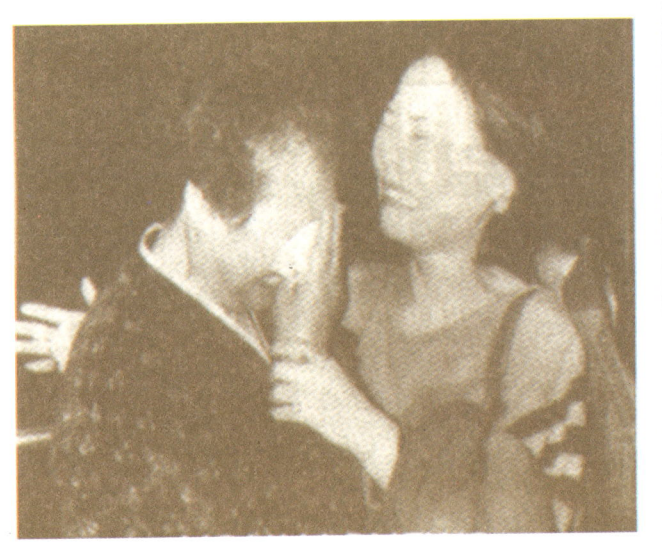

사연 들
잃은 자식 가슴에 묻고 떠난 할머니

충청도 산골마을에 한 할머니가 있었습니다. 그 할머니는 벌써 20년 전에 돌아가셨습니다. 지금 살아계신다면 아마도 97세는 되셨을 것입니다.

오갓난 이라는 이 할머니는 돌아가시는 날 까지 결국 풀지 못한 한 가지 한이 있었다고 합니다. 그것은 다름아닌 셋째 아들 순만씨의 생사여부였습니다.

슬하에 아들 넷과 딸 하나를 둔 할머니는 산골에서 농사를 지으면서 자식들을 교육시켰습니다. 성품이 고우셨던 할머니는 자식들을 키우면서 욕 한 번 해본 적 없고 매 한 번 들어본 적이 없을 만큼 인자하신 분이었다고 합니다. 넉넉한 살림은 아니었지만 자식들은 건강하고 올바르게 커 주었고 할머니는 그것이 곧 사는 즐거움으로 알았습니다. 그러던 할머니에게 6·25 전쟁은 크나큰 상처를 안겨주었습니다.

전쟁 당시 고등학생이었던 순만씨는 전쟁이 나자 학업을 중단하고 고향으로 돌아왔습니다. 아들 셋 중 유일하게 고등학교에 진학했던 순만씨에게 부모형제들은 큰 기대를 걸고 있었습니다. 공부를 잘하는데다 성격까지 화통하고 인물 또한 가장 뛰어났다고 합니다. 가정 형편상 두 형들은 상급학교 진학을 못했지만 자신들 대신 동생이라도 잘 되기를 기대하고 있던 터였습니다.

당시 순만씨의 나이 열일곱 살. 한참 혈기왕성한 피끓는 젊은이였던데다 의로운 청년이었으니 김일성의 남침으로 수많은 양민이 학살당하고 모든 것이 하나 둘씩 파괴되어가는 전쟁의 현실을 그냥 넘어갈 수 없었습니다.

마침 젊은 학생들 사이에 학도의용군이 결성된다는 소식을 접한 그는 부모형제들의 만류를 뿌리치고 읍내의 학도의용군 모집에 참여하게 되어 전쟁터로 나가게 됐습니다. 당시 학도의용군들은 국가가 위기에 처하자 학업을 중단하고 학생의 신분으로 자진하여 참전하였던 의병들을 말합니다.

하지만 순만씨는 해가 바뀌고 전쟁이 끝나도 고향으로 돌아오질 않았습니다. 할머니는 읍내로 나가 함께 떠난 학생들을 수소문하여 순만씨의 안부를 물었지만 그 누구도 아는 이가 없었습니다. 당시 읍내에서 학도의용군으로 전쟁터에 나갔다가 다시 돌아온 사람들은 그리 많지 않았다고 합니다.

그때부터 할머니는 화병이 생겨 세상을 마감하는 날까지 남

모르는 속앓이를 하며 살아야 했습니다. 자식이 죽었는지 살았는지 조차 알 수 없는데다 다 키워놓은 아들이었으니 그 아픔은 더욱 컸습니다.

　허구헌 날 무속인을 찾아 다니면서 아들의 생사 여부를 물었던 할머니는 어디엔가에 살아있을 거라는 무속인들의 말을 믿고 매일같이 밤 늦도록 잠을 자지 못했다고 합니다. 바람이 불거나 눈보라가 몰아치는 밤 대문이 덜커덩거리는 소리만 들어도 할머니는 아들이 찾아온 것이 아닌가 싶어 귀를 세울 만큼 언젠가는 반드시 아들이 대문을 열고 나타날 것 만 같았기 때문입니다.

　83년 이산가족 찾기 행사가 대대적으로 펼쳐졌던 해에 서울로 올라와 아들의 학창시절 사진을 들고 많은 날들을 기다려보았지만 순만씨는 나타나지 않았습니다. 아들을 보았다는 사람도 없었습니다. 그럴수록 할머니의 가슴은 더욱 아팠고 살아갈 기력마저 떨어졌습니다. 남들은 서로 만나 얼싸안고 울고 웃는데 할머니의 아들은 그 어디에서도 찾아볼 수 없었던 것이었습니다.

　그후로 할머니는 아들이 북으로 끌려가 살고 있을 거라고 믿었다고 합니다. 그리고 이듬해 봄 꿈에도 그리던 아들을 만나보지 못한 채 영영 다시올 수 없는 저 세상으로 떠나셨다고 합니다.

할머니가 돌아가신 지도 벌써 20여 년이 흘렀건만 할머니의 가족들은 순만씨의 소식을 여전히 알 수 없다고 합니다. 살아 있으면 지금쯤 60대 후반의 노인이 되었을 순만씨. 그는 과연 살아 있는 걸까. 죽은 것일까. 가족들은 아마도 할머니는 저 세상에 가서도 순만씨 생각으로 편히 잠을 못 잘 것 같다고 합니다.
　이 세상 모든 엄마들의 마음은 자식이 잘 되길 바라는 마음 한 가지가 가장 큰 소망입니다. 자식을 위한 일이라면 대신 죽을 수도 있는 사람들이 바로 이 땅의 어머니들입니다. 얼굴은 보지 못하더라도 생사만이라도 알고 싶다는 그 한을 풀지 못하고 돌아가신 할머니. 그 할머니의 한은 전쟁으로 자식을 잃은 이 땅의 모든 어머니들의 슬픈 사연입니다. 전쟁은 그렇게 부모와 자신의 천륜의 정까지 빼앗아가고 말았던 것입니다.

사연 셋
50년 만에 만난 부부

올해 77세의 오영순 할머니는 지난 2001년 4월 한 동네 사는 김모씨의 아들 결혼식장에 갔다가 그만 기절을 하고 말았습니다. 병원 응급실로 옮겨진 오할머니는 20여분 뒤에 정신을 되찾았습니다. 할머니의 입에서는 한숨 섞인 한탄만이 터져 나왔습니다.

"세상도 야속하다. 참말로. 한 시간 거리도 못 되는 곳에 사람을 두고도 50년을 기다렸으니 뭐 이런 놈의 세상이 있는겨."

할머니의 사연인즉 기가 막힌 그야말로 소설 같은 이야기가 아닐 수 없었습니다. 할머니가 결혼식장에서 기절하여 쓰러진 것은 다름아닌 남편 신모씨를 만났기 때문입니다. 1951년 1월. 당시 스물셋의 젊은 새댁이었던 할머니는 남편 신씨와 결혼하여 5살난 아들과 세살난 딸이 있었습니다. 평양 근처에서 농사를 지으며 단란한 가정을 꾸렸던 이들 부부에게도 뜻하지 않은 이산의 아픔은 찾아왔습니다.

6·25를 전후하여 공산 정권의 실상을 알게된 할머니와 남편은 1950년 12월 아군이 역공에 성공하자 때를 틈 타서 남한으로 피난을 내려왔습니다. 내려와 정착한 곳은 경기도 여주땅.

이산가족을 싣고 온 고려항공과 대한항공이 나란히 서있는 모습

남의 집 방 한 칸을 세들어 살았던 이들 가족은 한 달도 채 못 지나서 1·4후퇴를 맞이하게 되었고 이때 다시 남쪽으로 피난을 가야만 했습니다. 하지만 이게 어찌 된 일가. 수많은 피난민들 사이에서 잠시 화장실을 다녀오겠다던 남편은 좀처럼 오질 않는 것이었습니다. 피난민들은 한둘이 아니어서 줄을 이어 움직이는 판국이었으니 눈 깜빡 할 사이에 가족을 잃어버리는 사람들이 수없이 생겨났다. 오할머니 역시 이때 남편과 생이별을 하게 된 것입니다.

혼자 몸도 아니고 어린 남매가 있었으니 여자 혼자 몸으로 막막할 따름이었습니다. 그렇다고 가만히 서 있다가는 어느 순간에 총탄이 날아올지도 모르는 상황이었으니 일단 움직여야 했습니다. 하나는 등에 업고 하나는 끈으로 서로의 손을 묶고 할머니는 남편을 찾아 부산까지 내려갔습니다. 피난민들이 많은 곳을 아무리 헤매도 남편의 얼굴을 볼 수 없었습니다.

아이들은 먹여 살려야 했기에 그때부터 할머니는 행상을 시작했다고 합니다. 언젠가는 남편을 만날 수 있을 거라는 희망을 안고 하루하루를 고통과 외로움 속에서 보냈습니다. 그러나 전쟁이 끝나도 남편은 만날 수가 없었습니다.

청상과부가 되어 홀몸으로 두 남매를 키우고 가르친 할머니는 남편 신씨를 잊을 수가 없었다고 합니다. 워낙 성실한 사람인데다 가족들을 끔찍하게 여겼던 터라 언젠가는 웃는 얼굴로 만날 거라는 희망을 져버리지 않았던 것입니다. 아이들을 키우는 동안 주변사람들은 돌아오지 않는 남편은 이미 죽은 목숨이나 다름없으니 혼자서 힘들게 살지 말고 재혼을 하라고 권유했다고 합니다. 하지만 죽었는지 살았는지 조차 모르는 남편을 두고 어떻게 자신 편하자고 재혼을 할 수 있겠냐는 입장이었습니다. 그러다 세월은 유수같이 흘렀고 아이들은 커서 남매 모두 대학을 졸업하고 결혼을 했습니다.

  아이들 키우는 사이에 청춘은 이미 가버렸고 나이가 드니 남편에 대한 그리움은 더 커져만 갔습니다. 하지만 몇 십 년 동안 소식조차 알 수 없었으니 나이 육십이 넘어서는 아예 잊고 살아오던 터였습니다.

  그런데 이게 어찌된 일인가? 동네사람 아들 결혼식장에서 만난 남편은 80이 다 된 나이였지만 건강한 모습으로 부부동반하여 할머니 앞에 나타난 것이었습니다. 자식과 마누라를 피난 중에 잃어버린 후 몇 년 간은 혼자 방황을 하다가 하는 수없이 재혼을 했다는 것이었습니다. 재혼 후 5남매의 자녀를 키웠는데 남편이 살았던 곳은 오할머니가 살고 있는 동네로부터 차로 불과 40여 분 거리인 지척에서 살고 있었던 것이었습니다.

  "나는 혼자서 애들 키우며 살았는데 재혼해서 자식 낳고 살았다고 하니까 심장에서 불이 나는 거여. 참말로 이럴 수는 없는 거지. 나는 어떡하라구. 고생만 하면서 흘러간 내 인생은 누가 보상해주는 거냐구."

할머니 입장에서는 할아버지가 여간 원망스럽고 괘씸하기 짝이 없는 일이었습니다. 하지만 다른 누구도 할아버지를 욕할 수는 없었습니다. 원망을 한다면 전쟁 바로 그 전쟁뿐이었습니다.

가족들은 아무리 찾아보아도 나타나질 않고 나이는 들어가는 홀아비 입장에서 재혼은 살아남기 위한 어쩔 수 없는 현실이었을 것입니다. 남편 신씨 할아버지는 그렇게 우연히 옛 아내를 만난 후로 죄책감에 시달리다가 결국에는 지병으로 앓다가 1년도 더 살지 못하고 사망했다고 합니다.

미운 남편이지만 오할머니는 자신이 남편의 목숨을 재촉한 것만 같아 지금도 늘 가슴 아픈 나날을 보내고 있다고 합니다.

사연 넷
산산이 부서진 장군의 꿈

올해 47세의 박기영씨는 6·25전쟁 소리만 나와도 치가 떨릴 정도로 전쟁이라는 말 자체를 듣는 것조차도 싫다고 합니다. 6·25전쟁이 발발한 것은 그가 태어나기도 전이었으니 전쟁을 체험하지도 않은 그가 이토록 몸서리치는 것은 대체 무슨 이유에서일까요? 하지만 박기영씨는 할 말이 많습니다.

"6·25가 내 꿈을 앗아간 거나 다름없습니다. 제 꿈은 본래 장교가 되어 장군까지 되는 거였습니다. 그런데 참 웃기지 않습니까. 내가 그 꿈을 실현하기 위해 아무리 노력을 해도 그것은 한낱 시간낭비에 불과하다는 것을 알게 되었을 때의 기분, 그것은 정말이지 살고 싶은 의욕마저 없어지게 합니다. 내가 지금 리모델링 사업을 운영하면서 밥 먹고 살수 있는 것에 그저 감사할 따름입니다."

박기영씨는 비록 시골에서 가난한 농사꾼의 셋째 아들로 태어났지만 어렸을 때부터 공부를 잘해 줄곧 전교 1등을 놓치지 않은 학생이었습니다. 도시 아이들처럼 과외를 받거나 학원을 다니지 않았어도 머리도 좋은데다 늘 노력하는 사람이었습니다. 게다가 매사에 남의 모범이 될 만큼 성실하기까지 해서 그를 지켜보는 주위의 사람들은 "기영이는 아마 큰 인물이 될 거다"라고 큰 기대를 걸고 있었다고 합니다.

그는 어렸을 적부터 키워온 장군의 꿈을 이루기 위해 고등학교 3학년 때 사관학교 시험에 응시했습니다. 학교 선생님들이나 주변사람들의 예상대로 그는 좋은 성적으로 필기 시험 합격을 했고 신체검사에서도 아무런 문제가 없었습니다. 그러나 결과는 낙방이었습니다. 김기영씨 본인은 물론이고 그를 지켜보고 있던 모든 사람들이 놀랄 수밖에 없는 일이었습니다.

믿기지 않는 결과에 모두가 그냥 넘어갈 수 없었습니다. 학교 선생님과 부모님이 함께 시험을 주관했던 학교를 찾아가 불합격한 이유를 물었습니다. 그때 참으로 이해할 수 없는 일이 일어난 것입니다. 다름 아닌 신원조회에서 불합격 판정을 받은 것입니다. 신원조회란 시험을 주관했던 기관이 응시자의 신상에 대해 그가 태어나고 자란 본적지 관청에서 조사를 하는 것인데 여기서 문제가 생긴 것입니다. 그가 얼굴 한번 본 적 없는 아버지의 동생 그러니까 삼촌 때문이었습니다.

김기영씨의 삼촌은 6·25 전쟁 당시 고등학교 1학년생이었으며 학도병으로 전쟁터에 나간 후로 소식이 끊어졌는데, 죽었

촬영하는 기자단을 향해 셔터를 누르는 이산가족단

는지 살았는지 아무도 모르는 상황이라는 것이 바로 문제였습니다. 당시만해도 가까운 친척이나 가족 중 북한으로 끌려갔다거나 전쟁터에서 실종되었을 경우 신원조회에서 부적격자로 판명되므로 공무원이나 군과 관련된 시험에서 불합격하는 이들이 허다했던 것입니다. 이것이 바로 연좌제였습니다. 국가에서 만든 법이니 이는 어찌할 도리가 없는 일이었습니다. 꿈이 산산이 부서진 김기영씨는 아예 대학 가는 것조차 포기했습니다. 국가공무원도 될 수 없는 신분이니 장교나 법관은 꿈도 꿀 수 없는 일이었습니다.

"지금은 친척의 월북이나 행방불명 때문에 신원조회에서 불이익을 당하는 일은 없어졌다고 합니다. 나 같은 사람은 참으로 운이 없는 사람이지요. 그때 당시를 기억하면 아직도 먼저 화부터 납니다. 내게 무슨 죄가 있다고 얼굴도 모르는 삼촌 때문에 내 인생이 엉망이 되어야 하나요."

신원조회로 인한 사관학교 불합격으로 정신적 상처를 크게 받은 김기영씨는 고등학교 졸업 후 자그마치 5년 동안 삶의 의욕을 잃어버린 채 방황의 시간을 보냈다고 합니다. 공부도 가족도 모두 다 싫어져 술과 방랑으로 젊은 날을 보냈다고 합니다.

종교에 의지해 보려고도 했지만 그의 머릿속에서는 삼촌에 대한 증오와 세상에 대한 원망이 쉽게 가시질 않았습니다. 자살까지 시도했을 정도로 그에게는 지울 수 없는 상처가 된 사건이었습니다.

　부모님의 설득과 형 누나들의 조언으로 삶의 의욕을 되찾은 그는 큰 형이 운영하는 가구회사에 근무하다가 인테리어에 재미를 붙이게 되었고 이로 인해 지금은 집과 건물 인테리어 개보수를 전문으로 하는 리모델링 전문업체를 이끌고 있습니다.

　지난 과거를 잊기 위해 일에 더 많은 신경을 쓰지만 학창시절 함께 공부했던 친구들이 고위관직이나 기업체 이사진이 되어 있는 사실을 인정해야 할 때마다 사관학교 불합격의 악몽은 다시 되살아나곤 한답니다.

　시대를 탓하고 전쟁을 탓하기에는 개인에게 있어서 너무도 억울하고 슬픈 사연이 아닐 수 없는 것입니다. 자신의 꿈에 대한 자신감과 포부가 컸고 가족을 비롯한 주변사람들의 기대도 너무 컸기에 아픔 또한 더 컸다는 김기영씨는 자신의 자식들에게 까지 그 아픔이 이어지지 않는 것이 그나마 다행이라고 말합니다.

　적어도 40대 이상의 기성세대 중에는 김기영씨처럼 억울한 일을 겪은 이들이 한둘이 아닐 것입니다. 수많은 목숨을 앗아가 놓고도 전쟁의 후유증은 이토록 많은 사람들에게 오랜 상처로 남습니다.

사연 다섯
부모님 계신데도 고아처럼 살았어요

1981년 여의도 광장. 따가운 햇살 아래 그만 한 여인이 주저앉아 통곡을 하고 있었습니다. 그녀의 이름은 당시 마흔네 살의 김점순씨.

"어떻게 이럴 수가 있어. 왜 날 안 찾았어. 엄마 아부지 얼마나 원망스러웠는지 몰라유."

파마머리의 평범해 보이는 아줌마 김점순씨는 그야말로 엉엉 울어버렸습니다. 그녀의 울음은 기쁨의 눈물이자 서러움이 쌓여 터져버리는 통한의 눈물이었습니다. 칠순의 노부부는 몸부림치며 울어대는 딸을 끌어안았을 뿐 한 마디 말도 없었습니다. 그들의 눈에서는 눈물만이 펑펑 쏟아져 내렸습니다.

자그마치 30년이란 세월이 흐른 뒤 만나게 된 중년의 딸을 보는 부모의 가슴 역시 터질듯한 기쁨 뒤에는 그제서야 딸을 찾게 된 것에 대한 부모로서의 죄스러움이 밀려온 것이었습니다.

6·25 전쟁이 나던 해 김점순씨는 장사를 하는 집 막내딸로 열세 살 난 초등학교 6학년생이었습니다. 위로 오빠가 둘이나 있는데다 부친의 장사가 꽤 잘 됐기에 살림살이 또한 넉넉했으니 그녀는 귀염둥이로 아무 고생 없이 컸습니다.

얼굴이 예뻤던 점순씨의 꿈은 선생님이 되는 것이었다고 합니다. 공부도 꽤 잘했고 성격도 활달해 부모님들의 사랑을 독차지했던 막내딸이었던 그녀. 하지만 6·25는 그녀의 인생을 짓밟아 버렸습니다.

대구 피난 시절 시장에 나갔다가 엄마를 잃어버린 점순씨는 낯선 곳에서 집을 찾아가지 못하고 울다가 식당을 하는 한 아주머니를 만나 전쟁이 끝날 때까지 식당에서 설겆이 하고 심부름을 하면서 먹고 자며 생활했습니다. 난리통에 부모 잃은 아이들이 한둘이 아니었으니 누가 나서서 부모를 찾아준다는 것은 불가능한 일이었습니다.

전쟁이 끝날 무렵 점순씨는 서울에만 가면 집을 찾을 수도 있고 가족들도 만날 수 있다는 기대감으로 부풀어 있었습니다. 하지만 어린 소녀의 꿈은 이름도 알 수 없는 한 술주정뱅이의 속임수로 인해 그만 허공으로 날아가 버렸습니다.

어느 날 식당에 손님으로 온 한 중년남자는 자기도 서울이 고향인데 가는 길에 점순씨를 서울의 집으로 데려다 주겠다면서 그녀를 식당에서 데리고 나왔습니다. 하지만 술주정뱅이가 데리고 간 곳은 서울의 집이 아니라 부산의 한 판자집이었고 그 곳에는 코흘리개 사내아이들 둘이 있었습니다. 남자는 허구헌 날 술만 마셔대며 집 나간 아내를 찾아 다녔고 오갈 데도 없는 점순씨는 팔자에도 없는 아이들 보모 역할을 해야 했던 것입니다. 남자는 점순씨를 마치 자기 딸 부리듯 부려먹은 것이었습니다. 처음에는 아이들이 불쌍해서 몇 달만 돌봐주자는 생각이 들어 함께 지냈다고 합니다. 하지만 시간이 흐를 수록 돌봐줄 엄마도 없는 아이들에게 정이 들었다고 합니다. 하지만 서울의 집을 찾아가야 했기에 시내로 나온 점순씨는 역 근처에서 차비를 벌기 위해 식당 잔

전쟁으로 고아가 된 아이들

심부름을 하게 됐는데 주인이 얼마나 지독한지 일주일 동안 일했는데도 돈을 주지 않았다고 합니다. 하루 이틀 그렇게 시간이 흘러 계절이 바뀌고 전쟁이 끝난 지 일 년이란 시간이 훌쩍 흘

러가버리고 말았습니다.

　어느새 열여섯이 된 점순씨는 누가 보아도 처녀의 모습이었습니다. 그런 그녀에게 식당의 손님으로 자주 찾아오던 노총각이 어느 날 그녀에게 바다 구경을 시켜준다고 꽤내어 자신의 집으로 데려갔고 그날 밤 그녀를 자신의 색시로 만들어버렸습니다. 처음에는 어떻게 해서든지 도망쳐 나오려고 했지만 남자는 점순씨를 방에 가두는가 하면 가족들을 시켜 감시하게 하는 등 그녀가 도망갈 틈을 주지 않았습니다. 그렇게 서너 달이 흐르자 임신을 하게 되었고 어린 나이에 아이를 갖게 된 점순씨는 서울에 간다고 해도 부모의 얼굴을 차마 볼 수 없을 것이고 집에서 쫓겨날 것이라는 두려움에 서울로 올라가는 것을 아예 포기하고 만 것입니다.

　공사판 일꾼으로 일하던 남편은 점순씨가 아이를 낳고 2년 정도 지났을 무렵 그만 공사장에서 사고를 당해 일찍이 저 세상으로 떠났고 점순씨는 젖먹이 아들과 늙은 시어머니의 생계를 책임져야 하는 급박한 상황에 처하게 되었습니다. 이때부터 남의 집 일을 도와주며 근근이 먹고 살다가 스무한 살이 되던 해 시어머니가 돌아가시자 점순씨는 집을 나왔습니다. 일은 어차피 벌어진 것이니 늦었지만 서울의 부모님을 찾아가 용서를 빌려고 했습니다. 하지만 집 떠난 지 7년이 흐른 후였으니 다시 찾아간 동대문 근처의 점순씨네 집은 어디론가 흔적도 없이 사라져버렸고 부모님을 찾을 길이 없었습니다. 고향인데도 불구하고 낯선 땅이 되어버린 서울에서 점순씨는 어린 아들의 손을 잡고 식당의 찬모로 취직을 했습니다. 할 수 있는 것이 식당일 뿐인데다 오 갈 데가 없으니 어쩔 수 없는 노릇이었습니다. 아이가 학교에 들어갈 무렵이 되자 점순씨는 안 되겠다 싶어 새로운 남자를 만나 아이를 그 남자의 호적에 올리고 학교를 보냈습니다. 그 후로 23년 동안 아이 둘을 더 나아 키우면서 조그만 식당을 하나 운영하는 중이었습니다.

귀염둥이로 고생 모르고 자랐던 그녀가 그렇게 파란만장한 젊은 시절을 보냈으니 가슴에는 한이 맺힐 수밖에 없는 일이었습니다.

"아이를 낳은 후로는 죄책감에 괴로웠어요. 하지만 그러면서도 부모님도 많이 원망했어요. 왜 나를 찾지 않는가? 라는 생각 때문에서요."

그나마 뒤늦게라도 부모님과 두 오빠를 찾게 되어서 한이 풀렸다는 점순씨는 오랜 세월 동안 부모님을 보지 못한 아픔 때문에 다시 만난 이후로는 사흘이 멀다 하고 부모님을 찾아 뵙는다고 합니다.

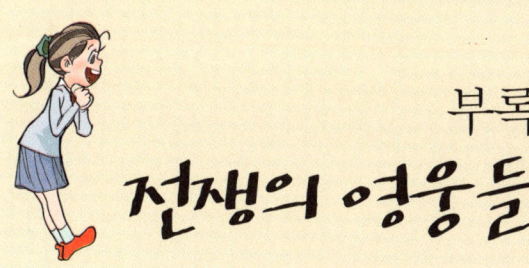

부록
전쟁의 영웅들

1 전쟁의 영웅들

　모든 전쟁에서는 그 전쟁을 승리로 이끈 주인공들이 있습니다. 그들을 일컬어 우리는 '전쟁의 영웅'이라고 부릅니다. 영웅을 만들어 내기 위해 전쟁이 일어날 필요는 없으며 그래서는 안 됩니다. 하지만 과거 역사 속에서 전쟁을 승리로 이끈 주역들의 활약상을 아는 것은 전쟁과 함께 이어져온 각국의 역사를 이해하는 맥락이 되기도 합니다. 우리가 전쟁의 영웅이라 부르는 역사적인 인물은 누구일까요?

　프랑스의 나폴레옹과 잔다르크, 한국의 광개토대왕과 이순신, 독일의 롬멜, 일본의 오다 노부나가, 중국의 조조 그들이 궁금합니다.

나폴레옹 보나파르트

국가 : 프랑스
전쟁: 프랑스- 영국전쟁
생존기간 : 1769-1821

나폴레옹(Napoleon) 1세. 본명은 나폴레옹 보나파르트(Napoleon Bonaparte)입니다. 프랑스와 서유럽 여러 나라 제도에 오래도록 영향을 끼친 많은 개혁을 이루어냈고 프랑스의 군사적 팽창에 가장 큰 열정을 쏟았습니다. 그가 몰락했을 때 프랑스 영토는 1789년 혁명 때보다 줄어들었지만 그가 살아 있는 동안, 그리고 조카인 나폴레옹 3세가 다스린 제 2제정이 막을 내릴 때까지 그는 거의 모든 사람들에게 역사상 가장 위대한 영웅으로 존경받았습니다. 나폴레옹은 1769년 8월 15일 코르시카의 아작시오에서 카를로 부오나파르테와 레티치아 라몰리노 사이에서 태어났는데 그가 태어나기 바로 전 제노바는 코르시카를 프랑스에 나누어 주었습니다. 그 뒤 코르시카 사람들은 프랑스의 점령에 저항했고 카를로 역시 파스콸레 파울리가 이끄는 코르시카 독립운동에 참여했으나 파올리가 망명하자 카를로는 프랑스인과 타협했습니다. 코르시카 총독의 비호를 받은 그는 1771년 아작시오 지방법원의 판사 보좌관으로 임명되었고 1778년에는 위로 두 아들인 조제프와 나폴레옹을 콜레주 도툉에 입학시켰습니다. 나폴레옹은 프랑스로 간 뒤 한 동안 스스로를 외국인이라고 생각했습니다.

그는 9세 때부터 프랑스에서 교육받았으나 코르시카 기질을 그대로 지니고 있었으며 교육과 독서를 통해 확실한 18세기 사람이 되었습니다. 나폴레옹은 오툉, 브리엔, 파리에서 학교를 다녔습니다. 그가 파리에 있던 1785년 2월, 아버지는 어려운 집안 살림을 남겨 놓은 채 숨을 거두었고 장남은 아니었지만 나폴레옹은 16세도 안 된 나이에 가장역할을 떠맡았습니다. 그해 9월 58명 가운데 42등으로 파리의 육군 사관학교를 졸업했고 젊은 포병장교를 위한 훈련기관인 라 페르(La Fere)연대에 포병소위로 임관했습니다. 연대가 주둔한 발랑스에서 계속 교육을 받으며 특히 전략과 전술에 관한 책을 많이 읽었습니다. 1788년 6월에 연대에 복귀하였는데 그때는 이미 프랑스 혁명의 불안한 움직임이 일고 있었습니다. 볼테르와 루소를 읽은 나폴레옹은 정치적 변화가 필요하다고 생각했으나 직업장교로서 급격한 사회개혁에 대한 필요는 느끼지 못했던 것 같습니다.

갓 30세가 되었을 때부터 그의 인생에 서광이 비추기 시작했습니다. 보나파르트의 사람됨에 대해서는 별로 알려진 것이 없었으나 사람들은 언제나 승리를 거둔 그를 믿었으며 그가 질서를 잡아 평화를 되찾고, 혁명이 거둔 정치적·사회적 성과를 더 탄탄하게 만들어주리라 기대했습니다. 참으로 그는 놀라울 만큼 지적이고 결단력이 있었으며 지칠 줄 모르고 일했지만 야심이 너무 컸습니다. 혁명 덕분에 그처럼 일찍 최고의 자리에 올랐으므로 혁명의 아들로 여겨졌고 그 자신도 이 점을 잊지 않았습니다. 그러나 그는 혁명의 아들이라기다 오히려 18세기의 아들이었으며 가장 잘 깨우친 전제군주였습니다. 그는 국민주

권·일반의지·의회토론 같은 것을 믿지 않았고 인간의 이성 자체보다 이성을 발휘하는 것을 더 신뢰했습니다. 또 무력이 뒷받침되기만 하면 계몽된 확고한 의지로 무엇이든 이룰 수 있다고 믿었고 대중을 경멸하면서도 두려워했으며 여론을 마음대로 조작하고 이끌 수 있다고 생각했습니다. 그는 가장 '민간인 같은' 장군으로 일컬어지고 있으나 군인이기를 그만둔 적은 없었습니다. 보나파르트는 군사독재를 폈으나 시에예스가 작성한 혁명력 제8년 헌법(1799. 12. 25) 때문에 처음에는 그 참모습이 드러나지 않았습니다.

다시 일어난 전쟁은 보나파르트를 황제로 만들었습니다. 영국이 뒷돈을 댄 왕당파의 암살음모가 1804년에 밝혀지자 보나파르트는 다시는 그런 음모를 꾸미지 못하도록 강력히 대응하기로 했습니다. 무르봉 가문 출신으로 독일에 살고 있던 앙기앵 공작이 음모의 주범이라고 믿은 경찰은 탈레랑과 경찰총수인 조제프 푸셰의 동의를 얻어 그를 납치하여 총살했습니다.

푸셰는 보나파르트에게 종신통령제를 세습제정으로 바꾸어 암살로 체제를 뒤엎으려는 희망을 없애는 것이 좋겠다고 제안했습니다. 보나파르트는 그 제안을 받아들여 1804년 5월 28일에 제정을 선포했습니다. 통치 조직은 거의 변하지 않았지만 나폴레옹은 황제로서 아시앵 레짐 때의 것과 비슷한 여러 제도를 만들었습니다. 우선 그는 위신을 높이기 위해 1804년 12월 2

일 교황 피우스7세가 직접 참석한 가운데 노트르담 대성당에서 대관식을 가졌습니다. 마지막 순간에 황제는 교황에게서 황제관을 건네받아 손수 자기 머리에 썼습니다. 1804년 나폴레옹 집안 사람들에게 황족 칭호를 내렸고 1808년에는 제국의 작위체제를 만들었습니다. 하지만 아직 반발이 있었으므로 선전을 강화하고 언론을 엄격히 검열했습니다. 그러한 독재체제 덕분에 나폴레옹은 여론에 신경 쓰지 않았으며 여러 해 동안 전쟁을 치를 수 있었습니다.

1803~1805년 프랑스와 전쟁한 나라는 영국뿐이었습니다. 프랑스로서는 육군이 영국에 상륙해야만 승리를 기대할 수 있었고 영국은 대륙에 있는 나라들과 동맹을 결성해야만 나폴레옹을 이길 수 있었습니다. 나폴레옹은 다시 전보다 더 큰 규모로 영국 침략을 준비했습니다. 영국 해군보다 훨씬 약한 프랑스 해군은 스페인 해군의 도움이 필요했지만 두 나라 해군이 힘을 합쳐도 영국 해군이 거느린 함대들 가운데 하나를 겨우 상대할까말까 정도였습니다. 결국 프랑스 함대는 넬슨에게 쫓겨 공격 한 번 못한 채 1805년 7월 유럽으로 되돌아가 카디스로 피했고 그곳에서 영국 함대에게 봉쇄당했습니다. 빌뇌브는 스페인 함대의 도움을 얻어 봉쇄를 뚫으려 했으나 1805년 10월 21일에 트라팔가르 곶 앞바다에서 넬슨의 공격을 받았습니다. 그 전투에서 넬슨은 목숨을 잃었지만 프랑스와 스페인 연합함대를 궤

황제 대관식을 치른 나폴레옹

멸시킴으로써 영국은 침략당할 위험에서 벗어나 마음껏 바다를 누릴 수 있었습니다. 영국은 오스트리아와 러시아, 스웨덴, 나폴리로 이루어진 새로운 대 프랑스 동맹 결성에도 성공했습니다.

잇따른 패전에도 불구하고 나폴레옹의 운세는 1810년 절정에 올라 있었습니다. 그는 스스로를 샤를마뉴의 후계자로 생각했으며 아이를 낳지 못한 조제핀을 버리고 오스트리아 황제의 딸 마리루이즈와 결혼했습니다. 1811년 3월 그녀가 아들을 낳자 제국의 미래가 보장된 듯했습니다. 제국의 영역은 어느 때보다 넓었고 황제 친척이 지배하는 속국들로 에워싸여 있었으며 스위스 연방과 라인 연방, 바르샤바 대공국 같은 여러 나라가 제국과 밀접한 관계를 맺고 있었습니다.

1814년 1월 프랑스는 사방에서 공격을 받았습니다. 동맹국들은 그 과녁이 프랑스 국민이 아니라 나폴레옹 하나뿐이라고 공언했고 나폴레옹은 3월까지 신참병을 이끌고 버텼으나 동맹군을 무찌르지도, 대다수의 프랑스인의 무관심을 깨트리지도 못했습니다. 오스트리아, 프로이센, 영국은 1814년 3월 쇼몽 조약을 맺어 나폴레옹이 무너질 때까지 싸울 것을 약속했습니다. 동맹군이 3월 30일 파리 근처에 다다르자 나폴레옹은 동맹군의 옆을 공격하려고 동쪽으로 옮겨 갔으며 파리 시 당국은 곧바로 동맹군과 교섭에 들어갔습니다. 임시정부의 수반인 탈레랑은 황제의 폐위를 선언했고 루이 16세의 동생 루이 18세와 협상을 시작했습니다. 나폴레옹은 퐁텐블로에서 파리가 항복했다는 소식을 들었으며 4월 6일 퇴위했습니다. 퐁텐블로 조약으로 동맹군들은 그에게 엘바 섬을 영주로 주면서 해마다 프랑스 정부로부터 200만 프랑을 받고 400명의 자원 호위대를 거느릴 수 있도록 허용했습니다. 나폴레옹은 5월 4일 엘바에 도착했습니다.

그러나 나폴레옹은 45세에 그냥 뒤로 물러앉을 사람이 아니었습니다. 더구나 프랑스에서는 부르봉 복고왕정이 곧 비판을 받았습니다. 그는 1815년 3월 1일 칸에 상륙했습니다. 알프스를 넘을 때 공화주의자 농민들이 그에게 모여들었고 그르노블 근처에서는 그를 체포하기 위해 달려온 군인들이 그의 편으로 돌아섰습니다. 3월 20일 그는 파리로 들어갔으며 이제 한 해 전에 몰락한 황제로서가 아니라 혁명정신의 화신으로서 다시 권좌에 올랐습니다. 그러나 워털루에서의 패전과 싸늘하게 식어가는 국민들의 관심 속에, 1815년 6월 22일 퇴위했습니다.

1815년 10월 15일 나폴레옹은 세인트헬레나에 상륙해 원래 부총독 관저로 지어진 롱우드(Longwood)에 자리 잡았습니다. 그는 영국군 장교가 수행하는 한 마음대로 돌아다닐 수 있었으나 스스로 롱우드에 틀어박혔습니다. 1817년말에 처음으로 위궤양이나 위암으로 보이는 병세가 나타났고 1821년초부터는 병이 급속히 악화되어 침대에서 일어나지 못했습니다. 4월 마지막 유언을 남겼는데, "내 유골을 센 강변에 묻어 내가 그토록 사랑한 프랑스 국민들 속에 있게 해달라…… 나는 영국의

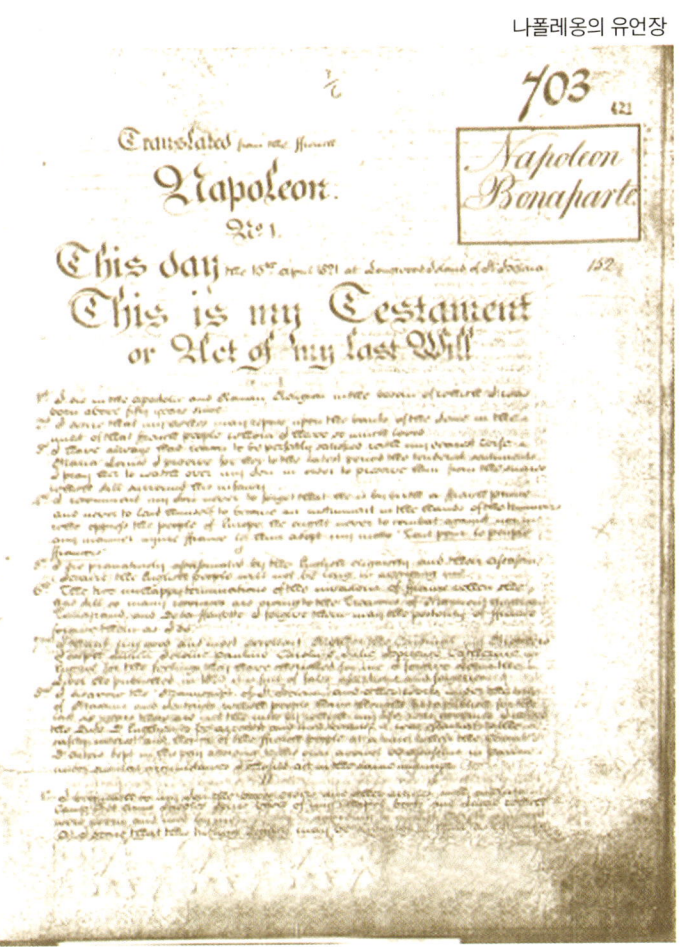

나폴레옹의 유언장

과두정치와 그에 고용된 암살자들 때문에 내 명을 못다 살고 가노라." 5월 5일 오후 5시 49분에 그는 52세도 안 된 나이로 숨을 거두었습니다. 유해에 그가 좋아했던 군복을 입히고 마렝

나폴레옹 무덤이 있는 프랑스의 전쟁 박물관

고 전투 때 입었던 잿빛 외투를 덮었습니다. 루퍼트 밸리에서 소박한 장례식이 치러졌고, 묘비에는 이름도 없이 "여기에 눕다"(Ci-Git)라는 말만 새겼습니다.

잔다르크

국가 : 프랑스
전쟁 : 백년전쟁
생존기간 : 1412~1431

잔다르크는 15세기 전반에 영국의 랭커스터 왕조가 일으킨 백년전쟁 후기에 프랑스를 위기에서 구한 영웅적인 소녀입니다. 그녀는 로렌과 샹파뉴 사이에 있는 동레미라퓌셀의 독실한 그리스도교 가정인 농가에서 태어났습니다. 그러던 1429년의 어느 날, 활달하고 신앙심이 깊은 그녀에게 천사장 미카엘의 모습이 머리 위에 나타나서 엄숙한 목소리로 "프랑스를 지켜라, 잔아" "오를레앙을 구하라" 라고 말했습니다. 이에 잔은 샤를르 황태자를 만나기로 결심, 황태자의 부하인 보르리쿠르라는 기사를 찾아갔습니다. 이에 보르리쿠르기사는 정신이 나간 처녀로 밖에는 취급하지 않았으나 계속되는 잔 다르크의 집념에 마침내 황태자에게 보내기로 결심하였습니다. 도착한 궁에서 귀족들 및 학자들로부터 잔 다르크는 시험을 당하기도 했지만 그녀의 용기 있는 행동과 결심은 황태자를 비롯한 지휘관들에게 자신감을 주었습니다.

　당시의 프랑스에서는 샤를 6세가 어린나이에 왕위에 오르자 실제적 통치권이 왕족에게 넘어가 세력다툼이 일게 되었습니다. 더구나 1392년 왕은 정신이상으로 정신병자로 낙인이 찍히게 되고 왕족인 오를레앙가와 부르고뉴가 사이에 싸움으로 15세기 초 완전히 분열상태에 빠지게 되었습니다. 영국에서는 랭카스터왕조를 연 헨리 5세는 호전적 성격으로 프랑스의 혼란 상태를 이용 군대를 이끌고 아젱쿠르 전투에서 프랑스군을 격파하고 1420년 트로와 조약을 체결하였습니다. 이 조약은 프랑스황태자의 왕위계승권을 무효로 하고 헨리 5세가 샤를르의 딸 캐더린과 결혼하여 프랑스의 왕위계승자가 된다는 것입니다. 그런데 1422년 샤를르 6세와 헨리 5세가 사망하자 생후 몇 개월밖에 안 된 헨리 6세가 왕위를 겸할 상태에 이르렀습니다. 그러자 프랑스는 오를레앙가에서 트로와 조약의 무효를 선언한 것입니다. 이에 영국은 부르고뉴가와 결탁하여 프랑스를 지배할 목적으로 오를레앙을 포위하였습니다. 프랑스군은 거듭되는 패전에 사기가 떨어지고 영국군과 내통하는 귀족들로 풍전등화격이었습니다.

결국 황태자는 잔 다르크의 뜻을 받아들여 오를레앙수비대에 참가시켰습니다. 오를레앙은 영국군의 보급로 차단으로 고립 상태에 있었으며 함락 직전이었습니다. 그러나 신앙의 열정이 넘치고 관행에 얽매임 없이 전투를 지휘하는 잔 다르크는 병사들의 마음을 사로잡았습니다. 잔 다르크가 이끄는 창소대(槍小隊)는 날이 저물어도 전투를 계속하여 마침내 영국군의 요새 하나를 함락시켰습니다. 이것이 전세를 크게 바꾸어 그 해 5월초, 영국군은 오를레앙에서 물러갔습니다. 영국군을 격파하여 오를레앙을 해방시킨 데 이어 각지에서 영국군을 무찔렀습니다. 흰 갑주에 흰 옷을 입고 선두에 서서 지휘하는 잔 다르크의 모습만 보고도 영국군은 도망하였습니다. 랭스까지 진격한 잔 다르크는 이곳 성당에서 전통적인 전례에 따라 샤를 7세의 대관식을 거행토록 하였습니다. 이에 샤를 7세는 영국의 헨리 6세에 앞서 왕위를 계승하였는데, 잔 다르크에 대한 왕의 측근들의 질시와 선망 속에서도 잔 다르크는 더욱 충성을 하였습니

잔다르크 동상

다. 그 후 북프랑스의 모든 도시를 차례로 방문하는 '왕의 순행'에, 발루아왕가의 '신의 증인'으로서 화려한 의상을 걸치고 동행하였습니다.

대관식 후 샤를르 7세는 안이한 성격으로 잔다르크의 파리 탈환의 권유를 1년여 동안 따르지 않고 있다가 전열을 가다듬은 영국군의 재공격을 받게 됩니다. 1430년 5월, 잔 다르크는 당시 영국에 협력하고 있던 북프랑스의 콩피에뉴교의 부르고뉴파 군대에게 사로잡혀 영국왕이 몸값을 지불, 노르망디 루앙성에 유치되었습니다. 샤를은 침묵을 지켰습니다. 파리대학 신학과는 잔 다르크가 이단이라는 혐의를 걸어 프랑스왕국 종교재판관에 의한 종교재판을 요청했고 영국왕가측도 이에 동의하여 법정에 신병을 인도하였습니다. 재판은 31년 2월 21일을 첫날로 해서 14회의 심리를 거듭했습니다. 이단 혐의의 근거는 교회 성직자의 중개를 거치지 않고 직접 신적 존재와 접촉했다고 주장한 일에 있었습니다. 종교재판관의 심문은 잔 다르크의 주장이 매일 보던 신적 존재의 화상(畵像)에서 시작된 심리적 착각에서 나온 것임을 논증하는 데에 초점을 맞추고 있었습니다. 만약 잔 다르크가 이를 인정한다면 그녀의 죄는 성상숭경(聖像崇敬)이라고 하는 단순한 신앙의 미혹에 지나지 않고, 이단으로서의 의심도 없어지는 것이었습니다. 법정은 잔 다르크를 구하려고 시도하였으나 소녀의 단순하고 순수한 신앙심은 이것을 받아들이지 않았습니다. 같은 해 5월 28일 아침, 잔 다르크는 이단으로 선고받아 루앙광장에서 영국왕가의 루앙대관에게 신병이 인도되었고, 대관은 이단에 대한 관행대로 그녀를 화형에 처하였습니다. 뒤에 샤를 7세는 앞서의 유죄판결을 파기(1456), 명예를 회복시켰고, 가톨릭교회에서는 1920년 그녀를 성녀로 시성하였습니다.

화형당한 후 부르고뉴가의 필립과 샤를르 7세가 극적으로 화해하고 영국을 몰아내는 데 힘을 합쳤고 영국군으로부터 점령당했던 성과 도시를 함락시켰고 1450년 노르망디에서 승리를 거두었습니다. 1452년에는 보르도에서 결정적 승리로 영국과의 백년전쟁도 끝나게 되었습니다. 백년전쟁은 최후의 봉건적인 전쟁으로 기사층이 몰락하고 왕의 세력이 커지는 계기가 되어 영국과 프랑스는 각기 민족적인 국가를 세울 수 있었습니다. 실로 근대로 향한 문을 활짝 열어 놓은 것입니다.

광개토대왕

국가 : 고구려

정쟁 : 고구려 – 백제

생존기간 : 375(소수림왕 5)~413(광개토왕 23)

고구려 제19대왕. 재위 391~413. 재위기간 동안 영락이라는 연호를 사용했으므로 재위시에는 영락대왕이라 일컬어졌으며, 사후의 시호는 국강상광개토경평안호태왕)입니다. 본명은 담덕(談德)인데, 중국측 기록에는 안(安)으로 전합니다.

고국양왕의 아들로 어려서부터 체격이 크고 뜻이 고상했습니다. 386년(고국양왕 3) 태자로 책봉되었다가 부왕이 죽은 후 즉위하였습니다. 재위기간 동안, 비록 그 구체적인 내용은 《삼국사기》와 〈광개토왕릉비〉의 전하는 바에 어느 정도 차이가 있지만, 시호가 의미하는 바와 같이 고구려의 영토와 세력권을 크게 확장시켰습니다. 먼저 예성강을 경계로 그동안 일진일퇴를 거듭해온 백제에 대해서는 즉위 초부터 적극적인 공세를 취하여 392년에는 4만의 병력을 거느리고 석현성을 비롯한 10개성을 빼앗는가 하면 이어서 난공불락의 요새임을 자랑하는 관미성을 20여일 만에 함락시킵니다.

또, 빼앗긴 땅의 탈환을 위해 침공해 온 백제군을 394년에는 수곡성에서, 395년에는 패수에서 각각 격퇴하고 백제와의 접경지대에 7성을 쌓아 방비를 강화하는 한편, 396년에는 한강 너머에까지 진격하여 58성 700촌락을 공파했을 뿐만 아니라 백제의 아신왕으로부터 많은 전리품과 영원히 노객이 되겠다는 맹세를 받고 백제왕의 동생과 대신들을 인질로 잡아오는 대전과를 올립니다. 그러나 백제가 이에 굴복하지 않고 세력만회를 위해 왜(倭)를 내세워 399년에는 고구려와 연결되어 있는 신라를 공격했고 404년에는 고구려가 장악하고 있는 대방 고지를 침공해왔지만, 이 또한 5만의 병력을 파견하여 신라에서 몰아냄은 물론 가야 지역까지 추격했으며, 대방 고지에 침입한 왜구도 궤멸시켰고, 나아가서 407년에는 백제를 공격하여 막대한 전리품을 노획하고 6성을 쳐부수어 백제를 응징합니다 (광개토왕릉비에는 407년 작전의 대상을 전하는 부분이 마멸되어 있어 이를 후연으로 보는 견해도 있으나 백제로 보는 것이 옳을 것 같다).

또, 신라에 대해서는 친선관계를 맺고 영향력을 행사하기 시작하여 신라로 하여금 복속의 담보물로 인질을 보내게 했으며, 400년에는 왜구의 침입으로 위기에 처한 신라를 구원함으로써 영향력을 더욱 강화하였습니다. 이러한 남방으로의 세력확장과 함께 서방으로의 진출을 꾀하기도 했는데, 당시 고구려의 서쪽에는 모용씨의 후연국이 있었습니다. 후연과는, 396년 모용보가 후연왕으로 즉위하여 대왕을 '평주목요동대방이국왕에 책봉하는가 하면 400년에는 후연에 사절을 파견하는 등 한동안 평화적인 관계를 유지했지만, 400년 후연왕 모용성이 소자하 유역에 위치한 고구려의 남소성과 신성을 침공해옴으로써 양국관계는 파탄에 이릅니다. 이에 왕은 후연에 대한 보복전을 감행하여 402년에는 요하를 건너 멀리 평주의 중심지인 숙군

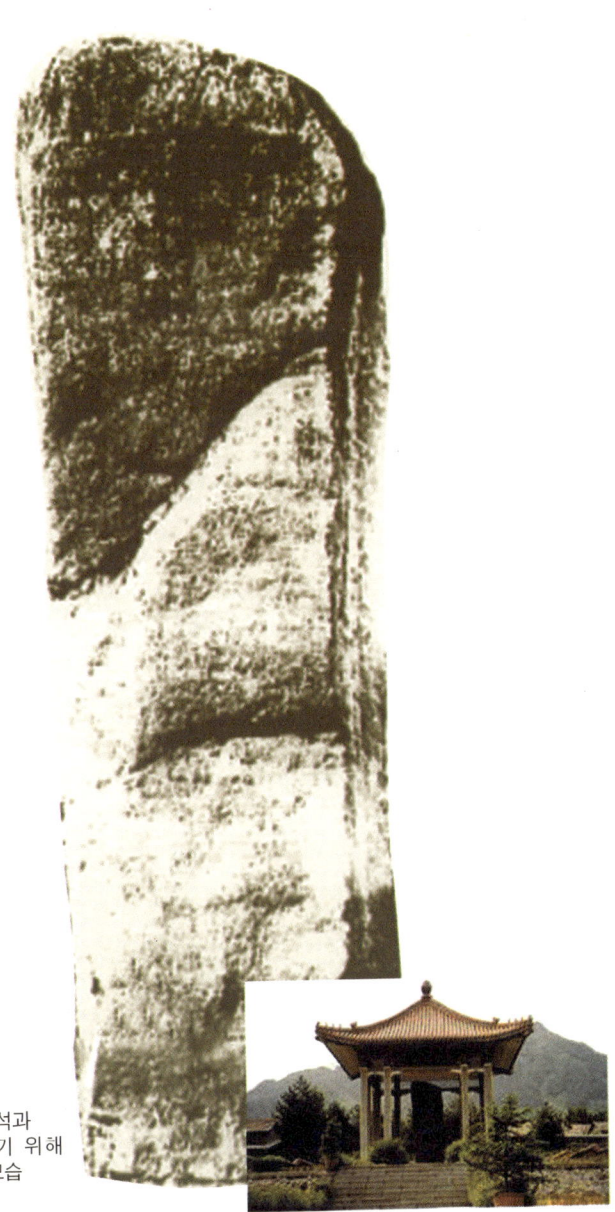

광개토대왕비석과
이를 보호하기 위해
전각을 씌운 모습

성을 공격하여 평주자사 모용귀를 도망치게 했고, 404년에도 후연을 공격하여 상당한 전과를 올리는데, 이러한 과정에서 요동성을 비롯한 요하이동 지역을 차지합니다. 그리고 후연왕 모용희에 의한 405년의 요동성 침입과 406년의 목저성 침입을 물리침으로써 요하 이동지역에 대한 장악을 더욱 확고히 합니다. 대왕이 산동성에 중심을 둔 남연의 왕 모용초에 대하여 천리마 등을 보내면서 접근을 꾀한 것도 후연을 견제하기 위한 외교정책의 일환인 것 같습니다.

그러나 서방으로의 진출은 408년 후연을 멸망시키고 등장한 북연과 우호관계를 유지함으로써 일단락됩니다. 이밖에도 392년에는 북으로 거란을 정벌하여 남녀 5백인을 사로잡고 거란에게 빼앗긴 고구려인 1만인을 데리고 돌아왔으며, 395년에는 거란의 일부로 추측되는 비려를 친정하여 염수 방면의 부락 6백~7백 영(營)을 격파하고 많은 가축을 노획하여 개선했습니다. 그리고 398년에는 소규모 군대를 파견하여 식신, 즉 숙신을 정벌하여 조공관계를 맺고, 410년에는 동부여를 친정하여 굴복시킴으로써, 북쪽과 동쪽으로 영역 내지 세력권을 확장하였습니다. 이렇듯 정력적인 정복사업의 결과, 재위기간중 64성과 1,400촌락을 공파하였으며, 고구려의 영역을 크게 팽창시켜 서로는 요하, 북으로는 개원~영안, 동으로는 혼춘, 남으로는 임진강 유역에 이르게 했습니다. 대왕은 고구려의 영역을 크게 확장시켰을 뿐만 아니라 내정의 정비에도 노력하여 장사(長史)·사마(司馬)·참군(參軍) 등의 중앙 관직을 신설했는가 하면, 역대 왕릉의 보호를 위해 수묘인(守墓人)제도를 재정비하였으며, 393년에는 평양에 9사(寺)를 창건하여 불교를 장려하는 한편 다음 장수왕 때 단행되는 평양 천도의 발판을 마련합니다. 〈광개토왕릉비〉에 광개토왕 때에는 "나라가 부강하고 백성이 편안하였으며 오곡이 풍성하게 익었습니다."라고 표현한 것도 이러한 내정정비의 결과라고 하겠습니다. 그러나 412

용감히 싸우는 고구려 군사들

년 39세라는 아까운 나이로 세상을 떠나자, 414년 능에 옮겨묻고 생전의 훈적을 기록한 능비를 건립하였습니다. 능과 능비는 지금도 중국 길림성 집안현에 남아 있는데, 능에 대해서는 장군총설과 태왕릉설이 갈라져 있으며, 능비의 이른바 신묘년 기사는 한국·중국·일본 3국 학계에서 논란의 대상이 되고 있습니다.

이순신

국가 : 조선

전쟁: 임진왜란

생존기간 : 1545~1598 (인종 1~선조 31)

조선 시대의 명장으로 자는 여해(汝諧), 시호는 충무(忠武)입니다. 서울에서 출생했으며 태어나기 전에 어머니 변씨가 이상한 태몽을 꾸었다고 합니다. 어느날 밤, 돌아가신 할아버지가 꿈속에 나타나, "우리 가문에 또 손이 날텐데, 이 손자는 앞으로 나라를 구할 큰 인물이니라, 손자가 태어나거든 이름을 순신이라 짓도록 하여라." 라고 하였습니다. 아버지 정(貞)이 그 말을 듣고 이상히 여겨 점을 쳐보니 "길하다, 나이 50이 되면 응당 칼을 짚고 명장이 되리라" 하였습니다.

충무공이 태어날 무렵에는 나라를 다스리는 벼슬아치들 사이에 당파싸움이 한창이었습니다. 서로의 흠을 들추어내어 상대편을 몰아내고 세력을 잡으려고들 하였습니다. 그래서 나라를 위해 일해야 할 인물들이 억울하게 죽임을 당하거나 조정에서 쫓겨나는 일이 계속되었습니다. 그것을 사화라고 하는데 기묘년에 일어난 기묘사화는 권세를 잡으려는 사람들이 조광조와 뜻을 같이 하는 사람들에게 역적모의를 했다고 죄를 뒤집어 씌운 것이었습니다. 이순신의 할아버지인 이백록도 이 사건에 관련되었다는 누명을 쓰고 벼슬을 빼앗겼을 뿐만 아니라, 혹독한 고초를 당하다가 세상을 떠나고 말았습니다. 나라가 어지럽고 집안까지도 당파싸움으로 피해를 입자, 이순신의 아버지 이정은 책만 읽고 벼슬에는 뜻을 두지 않았습니다. 그러므로 이순신이 태어날 무렵, 공의 집안은 아주 가난하였고 어머니 변씨

부인은 삯바느질 같은 것을 부지런히 하여 어려운 살림을 꾸려 나갔습니다. 이처럼 가난한 사람을 서울에서 더 이상 꾸려나가기가 힘에 겨워지자, 이순신 가족은 어머니 변씨의 친정집이 있는 지금의 충청남도 아산군 염치면 백암리로 이사를 하게 되었습니다. 아산으로 떠나게 되자 이순신은 절친한 벗인 유성룡과의 이별을 아쉬워했습니다. 성룡은 고향이 안동이었으나 당시 아버지가 서울에서 벼슬을 하게 되자 가족이 나뉘어 살고 있었습니다. 이 다정한 두 벗, 소년대장 이순신과 글방도령 유성룡은 뒷날 임진왜란 때에 우리나라의 방패와 기둥이 되어 나라를 지켰습니다.

　공이 나이 스무 살이 될 즈음, 북쪽 변경에는 오랑캐들이 넘나들며 백성들을 괴롭히고, 남쪽바닷가 마을에는 왜구의 노략질이 심하였습니다. 이 사실을 알게 된 충무공은 겨레의 방패가 되어 나라를 구하리라 결심을 하였습니다. 당시 무인의 길이 비록 문인들로부터 업신여김을 받고 있었지만 그것이 나라에 충성하는 길이라 여겼던 것입니다. 이러한 뜻에서 공은 28세 되던 해 8월, 훈련원에서 실시하는 별과시험을 치렀습니다. 그런데 공은 시험장에서 무술시험 중에 말을 타고 달리다가 불행히도 말에서 떨어져 왼쪽 다리가 절골되었습니다. 이를 바라보던 모든 사람들이 "저 사람은 죽었구나." 고 놀라고 있을 때, 충무공이 한 발로 일어나 곁에 있는 버드나무 껍질을 벗겨 다리를 매고 걸어나와 보던 사람들을 놀라게 하였습니다. 공이 얼마나 지조, 자립 정신이 강했던가를 보여준 일화의 하나이기도 합니다. 이렇듯, 공의 일대기를 보면 남의 힘에 의존하지 않고 오로지 스스로의 힘으로 해결하는 자조, 자립의 정신을 자주 볼 수 있습니다. 공은 그러한 성품과 신념 때문에 32세가 되어서야 과거에 급제하였고, 45세에 정읍현감, 47세에 전라좌수사의 벼슬에 올랐습니다. 사대부 세도가의 자손들이 30세 안팎에 큰 벼슬에 올랐던 사실과 비교하여 볼 때 출세가 상당히 늦었음을 알 수 있습니다.

조선을 전쟁에서 구한 거북선

아무런 국방준비가 없었던 당시에 충무공은 갖가지 준비를 갖추기에 여념이 없었으며, 조선사상(造船史上) 세계 최초의 철갑 거북선을 창건하여 수적으로 우세한 왜적함대를 격파하고 큰 공을 세웠습니다. (어느 기록에는 철갑 거북선이 중국에서 먼저 발명되었다고도 합니다. 하지만 그 쓰임새를 가장 잘 활용한 것이 충무공이었다고 한다) 거북선을 건조하게 된 동기는 "신(臣)이 일찍이 왜적은 난리가 있을 것을 걱정하여 특별히 거북선을 만들었사온데, 앞에는 용의 머리를 붙여 입으로 대포를 쏘고, 등에는 쇠못을 꽂았으며, 안에서는 밖을 내다볼 수 있고, 비록 적선 수백척 속에라도 뚫고 들어가 대포를 쏘게 하였습니다."라고 올린 장계에 나타나 있습니다. 이 기록만 보더라도 얼마나 용의주도하게 창의력을 발휘했는가를 알 수 있습니다. 한편으로는 조총을 연구하여 정철총통을 만들었으며, 사조고, 장병검 등을 만들어 해전에 사용하였습니다. 나라가 위태로운 혼돈에 빠졌을 때, 충무공이 이를 극복하고 민족을 수호할 수 있었던 것은 탁월한 창의, 창조적 힘을 발휘한데 있다고 할 수 있겠습니다. 여기에는 많은 고초와 외로움이 따랐던 것도 사실입니다. 그러나 이것이 바탕이 되어 국가를 위기에서 구출할 수 있었던 위대한 힘을 낳게 되었고, 정사에 빛나는 불후의 공적을 쌓았던 것입니다. 당시 일본은, 이른바 전국시대라는 혼란기를 수습하고 점차 통일의 기운이 무르익어 갈 무렵, 도요토미

가 통일의 대업을 성취하고, 그 여세를 몰아 우리나라와 중국대륙에까지 손을 뻗치려는 계획을 세우고 있었습니다. 이처럼 왜적이 호시탐탐 침략의 기회를 노리고 있는 위급한 상황에도 조정에서는 이를 대비한 아무런 대책도 없이, 오히려 당쟁만을 일삼는 한심스러운 상태였습니다. 더구나 일본의 실정을 알아보기 위해 일본을 다녀온 통신사들이 정반대의 보고를 하자, 조정에서는 안일무사를 바라는 낙관론에 기울고 말았습니다. 그러나 공은 왜적이 침략해오리라고 예견하고, 이에 대비하는 만반의 태세를 갖추고 있었습니다. 임진왜란이 일어나기 직전 일기에서도 볼 수 있듯이 충무공은 영내에 앉아있기만 하지 않고 관하 각 포구를 직접 돌아보면서 무기를 점검하며 방비에 전념하였습니다. 거북선을 완성한 것은 4월 12일이며, 임진왜란이 발발한 것은 4월 13일이었습니다. 공의 전란에 대처하는 피나는 노력으로 바로 경상, 전라의 연해안을 철저히 방비하여 수백 척의 왜선을 물리칠 수 있었던 것입니다

 개전 초에 왜적 수군을 거의 섬멸한 공은 계속 적을 소탕하여 오다가 여수로부터 진영을 한산도로 이동하였습니다. 한산도는 산령에 둘러싸여 있어 왜군의 남해 침입을 막을 수 있는 요지였습니다. 이곳에서 왜군의 길목을 막으면서 둔전을 경작하여 군량을 마련하고, 나무를 찍어 전선을 만들며, 쇠를 녹여 무기를 만들면서 쉬지 않고 다음 전투에 대비했습니다. 어려운 처

지에서 공은 있는 힘과 지혜를 다하여 적의 재침에 대비하였고 적의 대함대를 앞에 두고, 내일의 전투를 위하여 허리띠를 풀지 않고 칼을 갈며 만반의 전투태세를 갖추었던 공의 임전태세야 말로 유비무환의 자위정신을 행동으로 보여준 좋은 실례라 하겠습니다.

공은 남해새상 연해지역의 소탕작전을 꾸준히 계속하다가 1593년 7월, 좌수영을 여수에서 거제 한산도로 옮겨 왜적침략의 수로를 가로막고 삼도 수군 통제사가 되었습니다. 공이 전라 좌수사로 있을 때, 곤궁에 빠져 있는 피난민을 정성껏 돌봐왔었고 통제사직을 겸임한 후로는 더욱 민생 문제와 군량을 염려하여 돌산도와 도양장에 군·민 합작의 둔전을 설치하였습니다. 그뿐만 아니라, 새로운 무기를 만들고 전선을 계속 건조하여 군

한산도 대첩

비를 확충하였습니다. 즉, 일본 조총을 세밀히 검토하여 정철총통을 제조하였고, 염초를 끓여 만들고 각종 총포를 만들어 전선에 비치하여 주무기를 활용하게 하였습니다. 초대 통제사로 임명된 후로, 수군의 지휘권을 확립하고 군비를 재정비하면서 장기전에 대비하였습니다. 또한 한사도에 운주당을 설치하여 누구에게나 중요한 작전성이 의견이나 정보를 제공케 하였습니다. 공이 통제사로서 이룩한 큰 업적의 하나는 명령 계통의 일원화였습니다. 이제까지 연합함대를 편성하여 많은 해전에서 승리를 거두었다고 하나, 원균 등의 시기와 불복종으로 인해서 지위계통이 통일되지 못했었습니다. 1592년 2월부터는 지난 날 공의 위력에 눌려 외해로 나오지 못했던 왜선들이 점차 움직임을 보이기 시작하므로 공은 함대를 출동시켜 왜선을 격파하면서 적의 집결지인 당항포를 습격, 21척의 왜선을 불태워 그들의 야욕을 한풀 꺾어 버렸습니다. 당항포해전이 있은 후, 4개월이 지난 7, 8월부터는 왜군들의 움직임이 전보다 조직적으로 나타나기 시작하여 장문포 일대를 중심으로 연안과 각 포구마다 진지를 구축하고 장기간 머무를 준비를 하고 있었습니다. 이를 알게 된 공은 수륙협동작전을 계획하고, 곽재우 등과 협동으로 장문포를 공격하였습니다. 그러나 적을 완전히 소탕하지 못하고 함대를 한산도로 회군하고 말았습니다. 공이 통제사로 집무하는 동안, 원균의 시기와 음모는 나날이 깊어가고 있었습

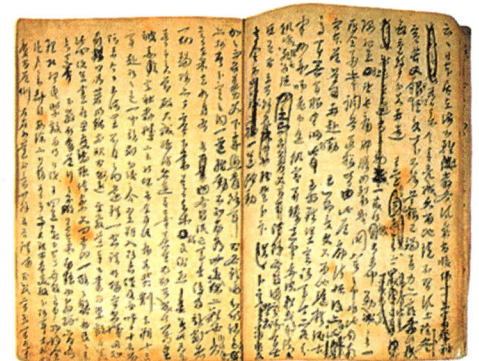

충무공 이순신의 난중일기

여수 사도에 있는 거북바위

니다. 원균은 항상 자기가 선배라는 입장을 앞세워 공의 명령을 따르지 않았으며, 심지어 위급한 전투구역에서도 의견을 달랐습니다. 그러나 공은 주위와 잡음을 일소하고 이해와 설득으로 다스리려고 노력하였으며 원균에 대하여 전혀 비방하지 않았습니다. 공이 진중생활에 피로가 겹치고 기후가 나빠져 무서운 열병에 걸린 적이 있었습니다. 병이 위중하여 한 군관이 눕기를 권하자, "장수된 자가 죽지 않았으니 눕는다는 것은 있을 수 없습니다."라고 하며, 끝끝내 앉아서 12일 동안이나 견디어냈습니다. 이는 공의 굽힐 줄 모르는 의지를 뜻하는 것이지만 그 의지의 밑바닥에는 자주, 자조, 자립정신이 흐르고 있었습니다. 이러한 정신은 아무 지원도 없는 어려운 진중생활에서도 군량을 비축하고 쇠를 모아 총포를 만들며 군비를 강화하여 연전연승의 빛나는 공적을 쌓게 한 원동력이라 할 수 있습니다.

롬멜

국가 : 독일
전쟁 : 2차세계대전
생존기간 : 1891-1944

제2차 세계대전 당시 독일육군원수. 연합국과 독일에서 가장 유명한 장군으로 알려졌으며 진정한 군인으로서 살기를 원했으나 종전이 다가오는 1944년에 자살하였습니다.

1891년 11월 15일 뷔르템베르크 하이덴하임안데어브렌츠 출생하였고 1944년 10월 14일 울름 근처 헤를링겐에서 사망했습니다. 롬멜의 할아버지와 아버지는 교사였으며 어머니는 고위 관리의 딸이었습니다. 1871년 독일 제국이 수립된 이후에는 독일 남부의 중산층에서도 직업장교가 인기직종이 되기 시작했습니다. 따라서 집안에 군인 출신이 없었음에도 불구하고 1910년 제124 뷔르템베르크 보병사단에 사관후보생으로 들어갔습니다.

제1차 세계대전 때는 중위로 프랑스·루마니아·이탈리아에서 싸웠습니다. 부하들에 대한 깊은 이해, 남다른 용기, 천부적인 리더십은 아주 일찍부터 대성의 가능성을 보여주었습니다. 롬멜은 프랑스의 참호전을 경험한 뒤 이탈리아 산악부대로 이동하였습니다. 서부전선에서 경험한 참호전에서 무의미하게 쓰러져가는 부하들을 보면서 제2차 세계대전에서 보여준 기동전의 원동력이 되었습니다. 이탈리아 산악부대를 지휘하면서 자신이 평소 가지고 있던 기동력을 살린 기습공격으로 큰 전과를 올렸습니다. 그는 철십자훈장을 수상했습니다.

제1차 세계대전에서 독일이 패배한 뒤 롬멜은 군대에 남았습니다. 프로이센-독일군에서는 일반참모로 복무하는 것이 진급의 정상 코스였지만 그는 그 길을 택하길 거부했습니다. 바이마르 공화국의 국방군과 히틀러의 국방군에 있을 때에 그는 한결같이 일선 보병장교로 근무했습니다. 많은 위대한 장군들과 마찬가지로 가르치는 데 각별한 재능이 있어 각종 군사학교의 교직에 임명되었습니다. 제1차 세계대전에서 얻은 전투경험이 젊은 병사들에게 군인정신을 강조한 그의 사상과 결합하여 그가 지은 군사교본 『보병 공전술 Infanterie greift an』의 핵심적인 내용이 되었습니다. 이 교본은 1937년 처음 출판되어 높은 평가를 받았습니다.

1938년 오스트리아가 독일에 병합된 후 롬멜 대령은 빈 근처의 비너노이슈타트에 있는 장교학교의 교장으로 임명되었습니다. 제2차 세계대전이 발발하자 총통 사령부 경호대장으로 임명되었지만 그것은 일선에서 싸우길 열망하는 군인에게는 별로 만족스러운 직책이 아니었습니다. 롬멜이 빠른 진급을 한 것은 히틀러와의 특별한 관계가 있었습니다. 롬멜이 지휘하는 부대를 사열하던 히틀러는 친위대가 있는 한 사열을 할 수 없다는 롬멜대령의 주장을 시작으로 인연을 맺었습니다. 그리고 히틀러를 경호하는 임무를 맞아 히틀러를 그림자처럼 따라 다녔습니다. 또한 독일군 수뇌부가 대부분 귀족 출신이란 점이 히틀러의 평범한 출신인 롬멜에 대한 애착을 크게 했는지도 모릅

군대를 사열하고 있는 롬멜 장군

니다. 롬멜이 실력을 발휘할 기회가 왔습니다. 1940년 2월에 제7기갑사단의 사단장직을 맡은 것입니다. 그는 기갑부대를 지휘한 경험이 전혀 없었지만 공격임무에서 기계화된 기갑부대의 엄청난 가능성을 재빨리 파악했습니다. 프랑스 해협 연안에서의 기습 공격은 그의 대담성과 창의력을 알려주는 최초의 증거가 되었습니다. 롬멜이 지휘한 제7기갑사단은 연합군으로부터 '유령사단'이라는 별명을 얻었습니다. 그의 부대는 구데리안과 함께 전격전, 기동전이 무엇인가라는 대답을 해주었습니다.

 1년 후인 1941년 2월 롬멜은 리비아에서 패배 일보 직전에 처한 무능한 이탈리아군을 지원하기 위해 파견된 독일군 부대 사령관으로 임명되었습니다. 북아프리카의 사막은 그가 가장 큰 전공을 세운 무대가 되었으며 동시에 월등히 우세한 적에게 패하는 무대가 되기도 했습니다. 북아프리카의 전쟁터에서 대담무쌍한 기습공격을 감행한 그는 아군과 적군으로부터 '사막의 여우'로 불렸으며 굉장한 명성을 얻었습니다. 그러한 성공에 감동한 히틀러는 즉시 그를 육군 원수로 승진시켰습니다. 그러나 그는 이탈리아 동맹군과 사이좋게 지내기가 어려웠습니다. 기본적으로 그는 영국군에게 더 호감이 갔습니다. 그는 초대 중동지역 연합군 총사령관이며 북아프리카에서 그의 적수가 된 아치볼드 웨벨 경이 저술한 전투책자의 애독자였습니다.

그는 이탈리아 동맹군뿐만 아니라 직속 최고사령부와도 의견이 맞지 않았습니다. 히틀러의 견해로는 북아프리카는 지엽적인 문제에 지나지 않았습니다. 그럼에도 불구하고 가중되는 보급의 어려움으로 지친 부대를 철수하게 해달라는 롬멜의 요청을 무시하고 1942년 여름 히틀러는 카이로와 수에즈 운하에 대한 공격명령을 내렸습니다. 롬멜이 이끈 독일-이탈리아군은 알렉산드리아에서 96km 떨어진 이집트의 엘알라메인에서 몽고메리가 지휘하는 영국군에 의해 저지되었습니다.

그 무렵 그는 아랍 세계에서 대단한 인기를 얻고 있었습니다. 아랍 세계에서 영국의 지배로부터의 '해방자'로 비쳤기 때문입니다. 고국에서는 선전성을 통해 그를 무적의 '국민의 원수(元帥)'라고 찬양했습니다.

그러나 대(對)이집트 공격은 그의 재능으로서도 역부족이었습니다. 피로와 질병으로 약해진 롬멜은 본국으로 돌아가야 했습니다. 그 사이 몽고메리는 엘알라메인에 대한 대대적인 공격을 감행하였습니다. 비록 전선에 복귀는 했지만 1942년 10월 말 그는 엘알라메인의 제2차 전투에서 패하여 튀니스의 독일군 교두보로 퇴각하였습니다. 1943년 3월 히틀러는 그를 본국으로 송환했습니다. 그 후 아프리카전선은 수개월을 버텼을 뿐입니다.

1944년 롬멜은 연합군의 침공 가능성에 대비하여 프랑스 해

협의 해안방위 책임을 맡았습니다. 이때 기동전으로 승리를 얻었던 롬멜은 해안 방어시설들을 건설하는 데 비상한 창의력을 발휘했습니다. 그는 적이 대규모의 교두보를 설치하는 것을 가능한 모든 수단을 동원해서 저지해야 하고 반격에 대비하여 해안의 방어선 뒤에 강력한 예비대를 배치해 두어야 하며 적군을 바다로 퇴각시키는 데 성공하지 못하면 침공전의 운명은 첫날에 결정될 것이라고 주장했습니다. 그러나 히틀러는 그의 주장을 받아들이지 않았습니다. 룬트슈테트는 연합군을 내륙 깊이 유인하여 기갑부대로 전멸시키고자 했습니다. 그러나 연합군의 항공전을 경험한 롬멜은 제공권이 없는 상태에서의 기갑부대 이동에 제한을 받을 것이며 적이 교두보를 구축하기 전에 해안에서 적군을 격파해야 한다고 했습니다. 롬멜은 연합군이 노르망디에 상륙할 것으로 생각했지만 다른 지휘관들은 대륙과 가장 가까운 깔레에 상륙할 것으로 믿었습니다. 그러나 롬멜의 주장은 1944년 6월 6일이 되면서 모두 옳았다는 것이 밝혀졌지만 이미 제공권을 상실한 독일군은 후퇴하면서 전멸당하는 것뿐이었습니다. 롬멜은 상륙 당일 아내의 생일로 베를린에 있었습니다. 전선에 복귀했을 땐 이미 전선은 무너져 가고 있었습니다.

  1943년 가을, 정치적 욕망에 의해 좌우되지 않는 순수한 직업군인이었던 롬멜은 전쟁을 도저히 승리로 이끌 수 없다는 것

파리를 함락시킨 후 회심의 미소를 짓고 있는 롬멜 장군

을 확신했습니다. 또한 그는 히틀러가 그 사실을 직시할 자세도, 연합국들과 강화를 맺어야 한다는 불가피한 결론을 내릴 준비도 갖추고 있지 않다는 것을 분명히 느끼고 있었습니다. 롬멜은 총통에 대한 군인으로서의 충성과 조국에 대한 애국심에서 심하게 갈등했습니다.

1944년 봄 비밀리에 결성된 히틀러 반대파에 가입한 롬멜의 친구 몇 명이 그에게 접근하여 히틀러가 축출된 뒤에는 롬멜이 국가 원수직을 맡아야 한다고 제의했습니다. 그는 그 제의를 거절하지 않았지만, 독일을 전쟁으로부터 구출하려는 공모자들은 히틀러 암살계획을 롬멜에게 알려주지 않았습니다. 그들은 롬멜이 정치적인 목적의 살인을 옳게 생각하지 않는다는 것을 알고 있었습니다. 그는 히틀러가 내리는 일체의 처형명령을 한결같이 무시했던 것입니다. 연합군의 침공이 시작되었을 때 그는 몇 번이나 히틀러에게 전쟁은 패했다는 것과 연합국들과 강화를 맺어야한다는 것을 지적하려고 했습니다. 1944년 7월 17일 전투가 한참 치열할 때 롬멜의 차가 영국의 폭격전투기들의 공격을 받아 길에서 탈선했습니다. 차는 공중으로 튀어올랐고 그는 머리에 중상을 입고 병원으로 후송되었습니다. 그후 8월에 집으로 돌아가 요양할 수 있을 만큼 회복되었습니다. 그 사이 1944년 7월 20일에 있었던 히틀러 암살음모는 실패하고 롬멜이 음모자들과 접촉한 사실이 밝혀졌습니다. 히틀러는 '국민의 원수'가 자신의 적으로 법정에 출두하고 법정에서 교수대로 보내지는 것을 원하지 않았습니다. 그는 2명의 장군을 롬멜에게 보내 그가 재판을 받지 않는다는 조건으로 그와 그의 가족의 이름을 욕되게 하지 않겠다는 약속과 함께 자살을 권유했습니다. 10월 14일 롬멜은 음독자살하여 일생을 마쳤습니다. 그의 장례는 최고의 예우로 치러졌으며 '사막의 여우, 롬멜'이라는 이름으로 남아 있습니다.

오다 노부나가

국가: 일본
전쟁: 나가시노전투
생존기간 : 1534~1582

천문20년(1551) 18세의 오와리(尾張)의 반정도를 상속받은 오다 노부나가(織田信長)는 천장10년(1582) 49세의 나이로 혼노지에서 죽었을 때 혼슈(本州)의 중앙부분을 거의 장악하고 있었습니다. 거의 천하를 평정했다고 보아도 좋을 것입니다. 이런 판도의 확장 속도는 경이적인 것이었습니다.

아버지 노부히데의 사망으로 오와리의 우쓰로(尾張のうつけ - 아무 생각 없이 먹고 놀기만 하던 오다 노부나가의 어린시절 별명)의 위장을 걷어버린 노부나가는 영지안의 반대자들의 숙청을 개시합니다. 22세에 수호대인 오다 노부토모(織田信友)를 살해하고 기요쓰(淸州)에 입성, 24세에 반기를 든 동생 노부코우(信行)를 모반이라고 하여 제거한 다음 26세에 이와쿠라(岩倉)의 오다 노부야스(織田信安)를 멸망시킨 것을 마지막으로 오와리 전체를 완전히 평정했습니다.

국내에서 대항하는 일족을 제거하는 것은 전국시대 다이묘가 그 권력을 확립하기 위해 반드시 통과해야만 하는 길입니다. 이 기간이 약 7년, 노부나가에게 행운이라 할 수 있는 것은 강적 이마가와의 상경(上京, 교토에의 입성)이 오와리 영내의 평정이 완료된 다음해 영록(永祿)10년(1560)이었던 것이라 할 수 있다

노부나가 최초의 적은 미노의 사이토 도산과 이세의 키타다 케씨였습니다. 29세에 이에야쓰와 동맹을 맺어 배후를 공고히

한 노부나가는 공략을 계속해 34세에 이나바산성을 공략해 미노를 평정합니다.

다음해 봄 노부나가는 북 이세를 평정해 아시카가 요시아키를 미노로 맞이합니다. 그리고 9월 7일에 요시아키와 함께 기후를 출발해 상경에 오릅니다. 거느린 군세는 미노, 이세, 오와리의 무장과 이에야쓰군 및 인척관계에 있는 아사이 나가마사 등의 5만여 병력이었습니다. 오미의 간노지성의 록가쿠씨를 곧 공격해 함락시키고 불과 20여 일만에 대망의 입경에 성공했습니다.

노부나가의 군세는 더욱 전격적으로 침공을 감행해 9월중에는 세쯔, 카와치의 대부분을 평정합니다. 10월초에는 마쯔나가 히사히데가 항복하고 야마토도 수중에 넣습니다. 역사가 크게 움직이기 시작한 것입니다. 때는 노부나가 35세의 일입니다. 오케하자마 전투 후 9년이 지난 때였습니다.

다음해 인 영록12년(1569) 노부나가는 8만의 대군으로 키타다케씨를 공격해 이세를 평정했습니다. 이때부터는 새로운 양상을 보이고 있는데 노부나가에 의해 15대 장군이 된 요시아키가 중앙의 실권을 노부나가가 장악하고 있는 것을 알고 각지의 다이묘에게 밀서를 보내 장군권력의 만회를 위해 원조를 구한 것입니다. 노부나가의 가장 힘든 시기가 시작되었습니다. 이후 노부나가는 철통 같은 노부나가 포위망을 상대로 악전고투를 하게 됩니다.

　원구(元龜)원년(1570) 37세의 노부나가는 에치젠의 아사쿠라 요시카케를 토벌하기 위해 쿄토를 출발, 파죽지세로 와카사에 침공하지만 노부나가가 없는 틈을 타 동맹국이던 북 오미의 아사이 나가마사가 배반해 노부나가의 퇴로를 차단해 버립니다. 노부나가는 급히 교토로 돌아왔는데 따라온 것은 불과 10여기 정도라 합니다.

　아사이와 아사쿠라의 접전에 이에야스의 지원을 구하고 2개월 후에 아네가와(姉川)에서 대결해 격전 후 대승을 거두어 큰 타격을 주었습니다. 하지만 완전히 뿌리를 뽑은 것은 천정 원년(1573)이고 3년간에 걸친 수차례의 공방이 있었습니다.

　이 밖에 노부나가 포위망에 더해진 것이 다케다 신켄, 모리가(家), 이시야마혼간지, 미요시씨, 히에이잔의 승병 등의 대세력이 있었고 노부나가는 이에 대해 각개격파의 작전으로 동분서주하며 싸웠습니다.

　주요한 전투를 열거해 보면 37세의 가을에 세쯔쯔의 야전, 후쿠시마성의 미요시(三好)3인의 공격, 38세 여름의 이세 나가시마 공격, 가을에 북 오미의 고다니 성 공격에 히에이잔을 화공으로 완전히 섬멸시키고, 39세의 한 래도 오미의 아사이 공격에 전력을 기울였습니다. 이 때문에 "신켄이 움직인다"라는 이에야쓰의 보고에도 원군만 보내게 되었습니다. 그 결과 오

나가시노 전투에서 적군을 막고 있는 오다 노부나가의 병사들

다 · 도쿠가와 연합군은 미카다가하라(三ケ原)에서 대패를 하지만 이 패전이 노부나가에게 오히려 행운을 가져다주었습니다. 이러한 틈을 타 장군 요시아키가 거병을 한 것입니다. 노부나가는 요시아키의 음모를 알고 있었지만 장군가의 전통적인 권위에 손을 대어 인망을 잃는 것을 두려워했습니다. 하지만 군사를 일으켜 노부나가에게 칼을 들이 댄다면 경우가 달라집니다. 정정당당하게 제거해도 된다고 생각한 노부나가는 천정원년(1573)에 교토에 입성해 요시아키를 추방해 무로마치 막부의 종말을 고했습니다. 노부나가는 조정에서 재허를 얻고 천하통일의 명령을 하달했습니다. 40세의 노부나가는 명실상부하게 노부나가 정권을 확립했습니다.

　그 후 노부나가는 천하통일의 구상을 예술적인 전략 · 전술로 현실화했습니다. 40세에 나가시마(長島) 잇코잇키(一向一揆)를 평정하고 42세에는 나가시노(長篠)에서 다케다 가쯔요리(武田勝賴)를 쳐부수는 동시에 에치젠을 평정, 43세부터는 이시야마혼간지(石山本願寺) 공격에 주력, 47세 때는 오사카를 수중에 넣었습니다. 물론 노부나가도 바쁘게 움직였지만 거의 모든 전투는 노부나가의 5개군단의 지휘관에게 맡겨졌습니다. 노부나가가 키워온 부장이 그 자체로 큰일을 하게 된 것입니다.

　그러나 질풍과 같은 속도로 일본 전국을 점령해가던 49세 되던 천정10년(1582)에 츄고쿠지방의 모리씨를 공략하고 있던 도요토미 히데요시의 고전에 지원을 하러 가던 도중 교토의 혼노지에서 부하 아케찌 미쯔히데의 반란으로 죽음을 맞이해야만 했습니다.

  그는 장기간에 걸친 전국전란의 시대에 통일의 서광을 비추어 준 전제무장으로 주목할 만한 여러 정책을 과감하게 실시하였습니다. 구체제·구관습의 타파, 새 인물의 등용, 금은 광산의 경영, 화폐의 주조, 도로·교량의 정비, 관소의 폐지 등 혁신적인 정책으로 새 시대의 도래에 대응하였습니다. 이것을 기반으로 한 천하통일의 위업은 도요토미 히데요시와 도쿠가와 이에야스에게 계승되었습니다.

조조

국가 : 전한

전쟁 : 관도(官度) 싸움

생존기간 : ?~BC 154

조조(曹操)의 자는 맹덕(孟德)이고 어릴 때 이름은 아만(阿瞞)입니다. 『삼국지(三國志)·위지(魏志)』「무제기(武帝紀)」에 의하면, "그의 출생에 대한 자세한 기록은 알 수 없고" 단지 그의 부친 조숭은 본래의 성이 하후였으나 후에 환관 조등의 양자로 들어갔기 때문에 성을 조씨로 바꾸었다는 사실만 알려져 있습니다. 조조는 어릴 때부터 총명하면서도 다소 방탕하여, 사냥과 가무(歌舞)를 좋아하고 권모술수와 임기응변에 능했습니다. 이에 관해서는 다음과 같은 유명한 일화가 전해지고 있습니다.

한번은 조조의 숙부가 그의 품행을 매우 못마땅하게 여기고 형 조숭에게 엄하게 단속하라는 충고를 여러 번 하였습니다. 그러한 사실을 안 조조는 어느 날 숙부를 보고 갑자기 땅에 쓰러

황건적의 난이란?

중국 후한 말기에 일어난 종교반란. 반란군이 노란 두건을 썼다고 해서 황건적이라는 이름이 붙었습니다. 후한 중기 호족이 대토지소유를 기반으로 촌락사회를 지배함으로써 전통적 촌락질서는 붕괴되었습니다. 중앙에서는 관료·외척·환관의 대립이 심해졌으며 민중들은 천재·질병·기근이 계속됨에 따라 더욱 살기 어려워지고 고향을 떠나 유랑민이 되는 사람들이 늘어났습니다. 그 무렵 장각이 태평도란 종교를 만들어, 죄의 용서를 구하면 질병이 치료되고 태평세대를 누릴 수 있다고 역설하여 수십만 명의 신도를 확보하고 각 지역에 교단을 조직하였습니다. 후한 왕조는 이를 탄압하여, 해산시키려 하였으나 신도의 단결은 오히려 견고해졌습니다. 184년 장각 등은 후한 왕조를 뒤엎고 새로운 사회 '황천(黃天)'을 수립할 것을 외치며 일제히 봉기하였습니다. 당황한 조정에서는 하진을 대장군으로 삼아 진압에 나서 10개월 후 난을 진압하였습니다. 그러나 황건의 나머지 무리와 일반민중의 반란이 계속 일어나고 서북쪽에는 이민족의 침입이 계속되어 지방질서는 해체되고 군웅의 할거를 초래, 후한의 멸망을 재촉하였습니다.

져 중풍에 걸린 것처럼 하였습니다. 그의 숙부는 깜짝 놀라 황급히 조숭에게 알렸습니다. 그러나 조숭이 전갈을 받고 달려왔을 때 조조는 아무런 일이 없었던 듯이 하고 있었습니다. 조숭은 매우 이상하게 여기고 조조에게 물었습니다.

"네 숙부는 네가 중풍에 걸렸다고 말하던데 어찌된 일이냐?"

조조는 매우 억울하다는 듯이 대답하였습니다.

"소자는 본시 아무 병도 없었는데 숙부께서는 제가 미워서 일부러 아버지 앞에서 저를 모함한 것입니다."

조숭은 조조의 말을 듣고 이후에는 조조의 숙부가 조조에 대해서 어떤 잘못을 말하더라도 전혀 귀담아 듣지 않았습니다. 이에 조조는 더욱 제멋대로 굴면서 가무와 여색에 깊이 빠졌습니다.

조조는 뛰어난 재주와 웅대한 지략을 가졌기 때문에 당시에 명성이 자자하던 학자 허모는 조조를 일러, "치세에는 유능한 신하가 될 것이고, 난세에는 간웅이 될 것입니다."고 예언했습니다.

당시 국가의 상황은 내부적으로는 정쟁의 소용돌이 속에서 정치적 부패가 극심했고 전국 각지에서 전란이 끊이지 않아 민생은 도탄에 빠졌습니다. 특히 황건적의 난과 동탁의 난으로 조성된 할거세력들의 대혼전은 백성들에게 더욱 심각한 타격을 입혔습니다. 역사적 기록에 의하면, 당시에 관중 지역은 백성들이 죽거나 사방으로 흩어져 2~3년 사이에 인적이 끊어졌으며, 백성들은 서로를 잡아먹어 온 마을이 텅 비고 백리 안에 사람이 없었다고 하였습니다.

중평 6년(188), 동탁(董卓)이 조정에서 권력을 전횡하자 조조는 낙양으로 내려가서 진류 즉 지금의 남개봉에서 가산을 털어 사병 5,000명을 모집하였습니다.

동한헌제초평 원년(190) 봄, 관동의 각 군현에서 동탁을 성토하기 위하여 군대를 일으키고, 발해태수 원소를 맹주로 삼았습니다. 이때 조조는 동탁 토벌 연합군에 가담하여 분무장군에 임명되었습니다. 그러나 동탁의 군대가 워낙 막강하였던지라 토벌군은 10만이나 되었지만 아무도 앞에 나서지 못했습니다. 오직 조조의 군대만 서쪽으로 진격하여 형양에 이르러 동탁군과 교전을 벌였으나 패하고 산조로 퇴각하였습니다. 그후 독자적인 노선을 걷기로 결심한 조조는 헌제 초평 2년(191)에 흑산군 백요부를 진압하고 복양을 점거하였습니다.

헌제 초평 3년(192년)에 조조는 지금의 산동성인 곤주를 점거하여 청주(靑州: 지금의 산동성 치박시 임치 북쪽)의 황건적을 격퇴하고, 정예병 30만을 선발하여 청주군을 조직하면서 그 세력이 점점 커지기 시작했습니다.

헌제 초평 4년(193) 가을, 조조는 아버지를 죽인 원수를 갚는다는 명분으로 무턱대고 서주를 공격하였다가 수만 명의 병사를 잃고 그 이듬해 봄에 곤주로 후퇴하였습니다. 초평 5년 (194) 여름에 다시 서주를 공격하였는데, 이때는 여포 등이 허점을 노리고 곤주를 점령함으로써 조조는 고전 끝에 간신히 잃어버린 땅을 되찾았습니다.

동한 헌제 건안(建安) 원년(196), 조조는 군대를 이끌고 낙양으로 들어가 헌제를 가까이 하면서 건덕장군·진동장군·사례교위·녹상서사 등을 역임하면서 조정 대사에 간여하기 시작하였습니다. 그 후 그는 헌제를 자기의 세력 범위에 있는 허창(許昌: 지금의 하남)으로 옮긴 다음, 황제의 명의로 각종 조칙을 반포하여 제후들을 호령하는 등 정치적 실권을 장악하였습니다.

그는 이러한 조건을 바탕으로 북방의 통일전쟁을 하나씩 수행해나갔습니다. 그는 먼저 원소를 물리치고 여포를 죽인 다음 유비와 장수를 몰아내고 황하와 회수 사이의 광대한 지역을 점거하였습니다. 이로써 그는 황하 이북의 원소와 필적할만한 역량을 갖추게 되었습니다.

헌제 건안 5년(200), 원소는 10만대군을 이끌고 남하하였습니다. 조조는 만여 명의 병력으로 관도에 진을 치고 출전을 준비했습니다. 두 달 사이에 원소는 조조의 군대가 방어하던 여양을 점령한 후 황하를 건너 남하하여 백마를 포위하였습니다. 조조군은 먼저 서쪽으로 향하여 북으로 황하를 건널 태세를 갖추고 원소군이 쳐들어오도록 유인한 다음, 신속하게 동쪽으로 진격하여 원소군의 장수 안량을 죽이고 백마의 포위망을 해체시켰습니다.

그 후 백마에 있던 군사들을 전부 남쪽으로 이동시켜 원소군이 공격해 오기를 기다렸다가, 중간에 매복을 설치해두고 원소군의 대장 문추를 죽임으로써 원소군에 막대한 손실을 입혔습니다. 원소는 첫전투에서 패한 후에도 계속 남하하여 병력의 우위만 믿고 조조군을 격파하려 하였습니다. 조조군은 관도에서 강을 사이에 두고 원소군과 대치하였습니다. 이해 10월, 조조는 원소를 배반하고 귀순한 모사 허유의 건의를 받아들여, 직접 정예병 5천을 이끌고 원소군의 진영 북쪽에 있는 식량보급 기지 오소를 기습하여 식량을 전부 태워 버렸습니다. 이때 원소는 오소가 피습되었다는 것을 알았지만 단지 기마병만 파견하여 돕도록 하고 본대는 여전히 조조군을 일거에 대파할 준비를 하고 있었습니다. 그러나 얼마 후 오소가 점령되었다는 소식이 전해지자 원소군의 장수 장합은 조조군에 투항하였습니다. 이에 조조군은 혼란에 빠진 원소군을 맞이하여 크게 물리쳤습니다. 원소는 800여 명의 기마병과 함께 황하를 건너 달아나고 나머지는 거의 섬멸되었습니다.

건안 13년(208) 조조는 승상에 올라 대군을 이끌고 남하하여 형주의 유표와 강동의 손권을 물리치고 중국의 통일을 달성

코자 하였습니다. 9월에 조조군은 신야에 이르렀습니다. 이때 유표가 병으로 죽자 그의 아들 유종은 싸우지도 않고 조조에게 항복하였습니다. 유표에 의지하여 번성에 주둔하고 있던 유비는 황급히 남쪽으로 철수하였습니다. 조조는 유비를 추격하여 장판에서 유비군을 대파하고 강릉을 점령한 후 대군을 이끌고 강동으로 진격하였습니다. 그러나 북에서 내려온 조조의 군대는 수전과 남방의 기후에 익숙지 않았고, 새로 편입된 형주의 병사들은 아직 심리적으로 안정을 찾지 못하고 있었으며, 더욱이 잇따른 승리로 다소 거만해진 조조는 적을 과소평가하고 있었습니다. 이에 역사적으로 유명한 적벽대전에서 조조는 손권과 유비 연합군의 화공(火攻)에 대패하여 막대한 손실을 입고 북방으로 퇴각하였습니다.

이로써 당시의 중국은 삼국이 정립하는 국면을 맞이하게 되었던 것입니다. 건안 16년(211) 조조는 관중을 평정하고, 건안 18년(213)년 위공에 책봉되었습니다. 건안 20년(215) 한중의 장노를 항복시키고, 그 이듬해(216) 위왕(魏王)에 봉해졌습니다. 이 시기에 그는 여러 차례 손권을 공격하였지만 모두 무위로 끝났으나, 이때부터 조조의 위나라는 회남 지역에서 우세를 점하게 되었습니다.

건안 24년(219) 한중에 이르러 조조는 병력을 형주에 집중적으로 투입하여 손권과 유비의 연맹을 갈라놓고 그들을 격멸하려는 작전에 착수하였습니다. 손권을 교사하여 촉한의 명장 관우를 죽이도록 한 다음 불리했던 형주전선에서 신속히 우위를 되찾았습니다. 건안 25년(220) 정월, 조조군의 위세가 한창 드높아갈 때 조조는 낙양에서 병으로 세상을 떠났습니다.

  220년 정월 조조는 병세가 심각해지자 비밀리에 측근들을 불러놓고, 그가 죽은 후 무덤의 도굴을 방지하기 위해서 안장할 때 72개의 가짜 무덤을 만들라고 지시했습니다. 그리고 후궁들에게는 진귀한 향을 나누어준 다음 부지런히 신발 만드는 기술을 익혀서 자급자족하라는 유언을 남겼습니다. 경자일(庚子日)에 낙양에서 병사하였습니다.

2

전쟁기념관

　서울시 용산구 삼각지에 위치한 전쟁기념관은 고대로부터 현대까지의 전쟁에 관한 자료를 수집, 보존, 전시, 연구하고 전쟁의 교훈을 통하여 전쟁의 예방과 조국의 평화적 통일을 이룩하는데 이바지한다는 목적하에 1994년 6월 10일 전쟁기념관을 개관하여 전쟁에 대한 산교육현장이 되고 있는 곳입니다.

　5천년의 역사를 이어 온 우리나라는 주변국가들로 부터 수많은 외침을 받아 전쟁으로 많은 시련을 겪었으나 슬기롭게 이를 극복하고 세계에서 보기 드문 단일 민족국가로서의 연속성을 유지하여 왔습니다. 특히 동족상잔의 비극인 6·25전쟁을 체험한 세대들이 점차 감소하고 있는 실정에서 6·25전쟁의 역사적 사실과 그 실증자료들을 모아 후대에 전하는 일이 중요시됨에 따라 1980년대에 들어와 경제력이 호전되어 정부의 전쟁기념관 건립의지에 따라 1988년 9월 1일 전쟁기념사업회 추진위원회가 구성됨으로써 전쟁기념관 건립사업은 구체화되었습니다.

1988년 12월 31일 전쟁기념사업회법이 정기국회에서 제정 공포되었고, 1989년 1월 31일에는 비영리 특수법인으로서 전쟁기념사업회가 설립되어 전쟁기념관 건립, 전쟁사연구, 전쟁소재 문화예술활동, 참전용사 명예고양사업 등 전쟁기념 관련 사업을 본격적으로 추진하게 되었습니다.

전쟁기념관의 부지는 1988년 육군본부의 이전 확정으로 역사성이 있는 육군본부 자리가 최적지로 전쟁기념사업회는 발족 이후 기념관 기본 설계공모와 전시 방향 등을 완성하여 1990년 9월 28일 기공식을 거행함으로써 본격적인 건립공사가 착수되었고 국내외에 걸쳐 광범위한 전시자료 수집활동을 전개하였으며, 전시 연출은 사계 전문가의 수차례 고증·자문을 받아 완성하였습니다. 이에 1993년 12월까지 39개월 동안의 공사 끝에 준공하여 내부 전시공사를 거친 후 1994년 6월 10일 개관하였습니다. 동 종류의 기념관으로는 세계에서 가장 큰 규모로 알려지고 있습니다.

이곳에 가면 조국을 위해 목숨 바친 선열들의 숭고한 희생정신을 추모하고 선열들이 남긴 소중한 전쟁자료와 교훈을 보고

체험함으로써 평화의 소중함을 깨닫게 됩니다. 따라서 이곳은 호국·안보교육의 도장이며, 국제외교 및 국위선양의 현장, 그리고 후손에게 물려줄 귀중한 문화유산으로 알려집니다.

초·중·고생 체험학습 지도

전쟁기념관에서는 초중고생들의 학습지도에 도움이 되는 체험학습 자료를 제공합니다. 교육청 지정 우수현장체험학습 권장기관인 전쟁기념관 견학시 선생님들께 보다 내실있는 체험학습지도를 할 수 있도록 도움을 주고자 작성된 것으로 선생님께서는 초등학교 3개안, 중·고등학교 각각 2개안 중 관람시간과 학습여건 등을 고려하여 1개안을 선택, 활용할 수 있습니다. 이 중 초등학교 공통은 서울시교육청에서 만든 자료를 수록했습니다.
자료는 전쟁기념관 홈페이지(http://www.warmemo.co.kr)게시판 → 자료실에서 다운받을 수 있습니다.
* 자료관련 문의 : 02) 709-3036~9

국군의장행사

전쟁기념관 평화광장에서는 3월부터 12월 중순까지 매주 금요일 오후 2시 국군의장행사를 갖습니다. 이 행사에는 군악연주, 전통검법, 여군의장대, 국군의장대시범이 펼져지며 관람은 누구에게나 개방되어있습니다. 관람료도 없습니다.
* 문 의 : (02) 709-3103

전쟁기념관의 전경

전쟁기념관에 세워진 조형물로 국군이 인민군을 안고 있는 모습